Inteligencia artificial y ChatGPT

Editado por:
EDITORIAL FAE, S.L.U.
Correo electrónico: editorial@editorialfae.com

Inteligencia artificial y ChatGPT
Luis Miguel Gómez Caballero

1ª Edición

ISBN: 978-84-1135-338-0

Impreso en España

Índice

U. A. 1. La IA generativa y su impacto en la sociedad

U. A. 2. ChatGPT y la evolución de los modelos GPT

U. A. 3. Otras IA generativas en texto

U. A. 4. Creación de contenido visual con IA

U. A. 5. IA generativa en video y animación

U. A. 6. IA en audio y voz

U. A. 7. Ingeniería de Prompts

U. A. 8. Funcionalidades avanzadas en ChatGPT y otras IAs

U. A. 9. Seguridad, privacidad y control en IA generativa

U. A. 10. Futuro de la IA generativa

Bibliografía

Índice

U. A. 1. La IA generativa y su impacto en la sociedad

Introducción

En los últimos años, la inteligencia artificial (IA) ha experimentado un gran avance y se ha convertido en un elemento transformador en numerosos sectores. Dentro de este campo, la IA generativa es una rama revolucionaria que se enfoca en la creación de nuevos contenidos, como texto, imágenes, música o código, a partir de patrones aprendidos de grandes volúmenes de datos.

Esta unidad introduce los conceptos fundamentales de la IA generativa y examina su impacto multifacético en la sociedad, explorando sus principales aplicaciones, los beneficios que ofrece y los desafíos éticos y sociales que plantea su uso generalizado.

Objetivos

- Comprender qué es la IA generativa y cómo funciona, incluyendo los modelos de aprendizaje profundo en los que se basa.
- Identificar las principales aplicaciones de la IA generativa en diversos sectores como la educación, la salud, el entretenimiento, el marketing, etc.
- Analizar los beneficios clave que ofrece la IA generativa, como la automatización de procesos creativos y la personalización de contenido.
- Evaluar los desafíos y riesgos asociados al uso de la IA generativa, incluyendo la generación de información falsa, los sesgos, la privacidad y el impacto laboral.
- Comprender la necesidad de ética y regulaciones en la IA generativa y conocer ejemplos de marcos normativos como el Reglamento de IA de la Unión Europea.

1. Introducción a la IA generativa

En los últimos años, la inteligencia artificial (IA) ha experimentado un gran avance y ha sido un elemento transformador en numerosos sectores. Una de las ramas más revolucionarias dentro de este campo es la IA generativa, una rama de la IA que se enfoca en la creación de nuevos contenidos —como texto, imágenes, música o incluso código— a partir de patrones aprendidos de grandes volúmenes de datos.

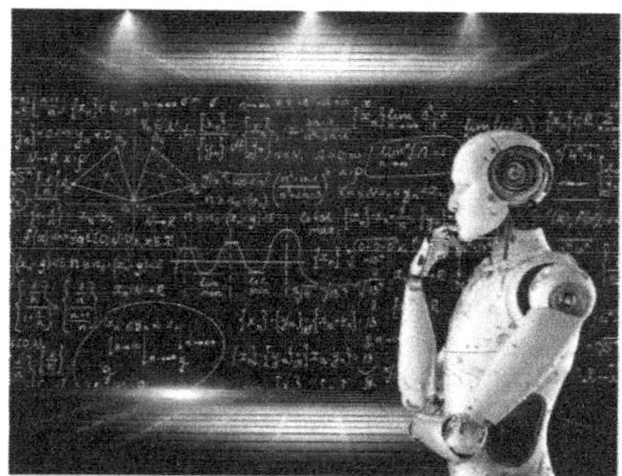

Fig. 1. La inteligencia artificial hace complicados cálculos casi al instante

La IA generativa se basa principalmente en modelos de aprendizaje profundo, como las redes generativas adversariales (GANs) y los modelos de lenguaje como **GPT** (Generative Pre-trained Transformer). Pero ¿Cómo funcionan?

Imagina que queremos enseñarle a una inteligencia artificial a crear imágenes de perros. Para eso usamos dos redes: una que genera imágenes y otra que actúa como juez. Al principio, la generadora crea imágenes totalmente al azar, que se ven como ruido, como cuando una TV antigua no tiene señal. La red discriminadora, que sí sabe cómo se ven los perros reales porque ha visto muchas fotos, analiza esas imágenes y decide si parecen reales o no.

Anotación

La IA no solo optimiza procesos, sino que también crea nuevas formas de interacción y producción.

Cada vez que la discriminadora rechaza una imagen, le da una pista a la generadora sobre en qué falló. La generadora usa esa información para intentarlo de nuevo, un poco mejor. Por ejemplo, al comienzo puede apreciar que muchas fotos reales tienen colores marrones y verdes, así que empieza a hacer imágenes con esos tonos. Por un rato logra engañar al juez, pero pronto la discriminadora se da cuenta de que no basta con el color, también debe haber forma de perro. Entonces la generadora tiene que mejorar aún más y empezar a dibujar siluetas que se parezcan a perros de verdad.

Este proceso de mejora continua se repite muchas veces: la generadora intenta engañar al juez, el juez la detecta y le da retroalimentación, y ambas van mejorando. Después de muchos intentos, la generadora se vuelve tan buena que logra crear imágenes que parecen fotos reales, aunque nunca hayan existido. Eso es básicamente cómo funciona una red generativa adversarial, o GAN.

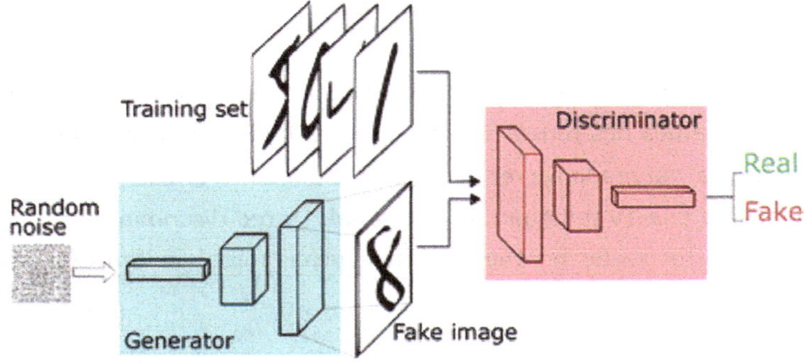

Fig. 2. Esquema de funcionamiento de una red generativa adversial (GAN)

El potencial de esta tecnología es inmenso. Desde la creación de obras de arte digitales hasta la generación automática de artículos periodísticos, pasando por asistentes virtuales y herramientas de programación, la IA generativa ya está siendo aplicada en ámbitos como la educación, la salud, el entretenimiento, la arquitectura, el marketing y muchos otros.

La IA generativa puede incluso imitar el estilo de un pintor famoso o escribir poemas al estilo de autores clásicos.

2. Principales aplicaciones de la IA generativa

La inteligencia artificial generativa ha revolucionado múltiples sectores al permitir la creación automática de contenidos complejos, coherentes y creativos a partir de simples instrucciones o ejemplos. Una de sus aplicaciones más extendidas es la generación de texto, utilizada en asistentes virtuales, redactores automáticos, chatbots, herramientas de escritura y plataformas de atención al cliente. Estos sistemas pueden responder preguntas, redactar correos electrónicos, resumir documentos y producir artículos informativos o narrativos, lo que los convierte en una herramienta poderosa para profesionales de la comunicación, la educación y el marketing.

Un **prompt** es una instrucción o entrada que se le da a un sistema de inteligencia artificial para que genere una respuesta. En inglés, "prompt" significa "sugerencia" o "estímulo", y en este contexto se refiere a cualquier tipo de texto, imagen o comando que inicia una acción por parte del modelo. Por ejemplo, en ChatGPT, un prompt puede ser: "Explícame qué es la fotosíntesis".

En una IA que genera imágenes, un *prompt* podría ser: "Un atardecer en la playa con estilo de pintura al óleo".

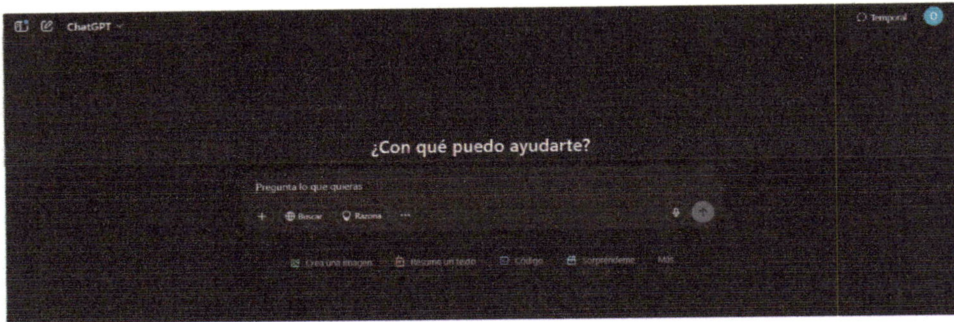

Fig. 3. La interfaz de ChatGPT nos permite introducir solicitudes en forma de texto o prompts

Saber más

Una de las aplicaciones más extendidas de la IA generativa es la generación de texto, utilizada en asistentes virtuales, redactores automáticos, chatbots, herramientas de escritura y plataformas de atención al cliente.

En el ámbito visual, la IA generativa también ha mostrado un gran impacto mediante la creación de imágenes, ilustraciones y diseños. Plataformas que emplean modelos como DALL·E o Midjourney permiten generar arte digital, diseño gráfico e incluso prototipos de productos a partir de descripciones en lenguaje natural. Esto ha democratizado la creatividad, dando acceso a usuarios sin formación técnica para desarrollar ideas visuales complejas con facilidad.

Ejemplo

Bing Image Create funciona con el motor de OpenAI, permitiendo generar imágenes a través de una prompt.

La IA puede componer melodías, acompañamientos o efectos sonoros adaptados a distintos estilos y emociones. También se emplea en la creación de voces sintéticas para doblaje, locución o asistentes conversacionales, permitiendo una producción de audio más rápida y económica.

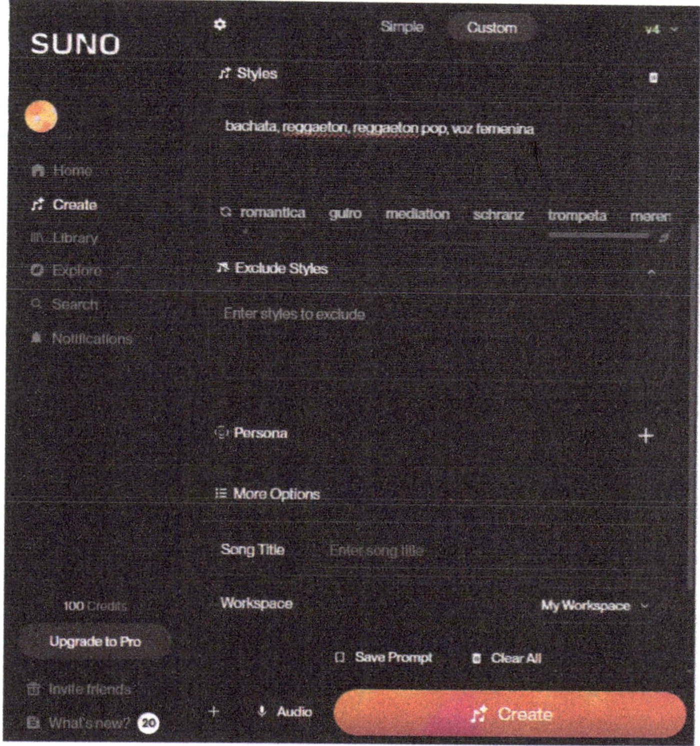

Fig. 5. Suno permite crear canciones personalizadas con todo tipo de estilos musicales

En el ámbito de la salud, la IA generativa está siendo utilizada para diseñar medicamentos, simular estructuras moleculares y generar imágenes médicas sintéticas que ayudan en el entrenamiento de profesionales o en el diagnóstico asistido. Del mismo modo, en el sector jurídico y financiero, se está empleando para redactar contratos, analizar documentos complejos o generar escenarios simulados para la toma de decisiones.

En el campo de la educación, la IA generativa ofrece nuevas formas de enseñanza personalizada mediante generación de ejercicios, explicaciones adaptadas al nivel del estudiante y asistentes educativos que pueden interactuar con los alumnos de manera continua. También se utiliza en el aprendizaje de idiomas, creando diálogos simulados o corrigiendo textos escritos por estudiantes.

3. Beneficios y desafíos de su uso

Esta tecnología permite crear contenidos a partir de simples instrucciones, sin necesidad de intervención humana directa en el proceso creativo.

La inteligencia artificial generativa ha abierto nuevas posibilidades en distintos campos del conocimiento y la industria, ofreciendo beneficios notables que están transformando la forma en que las personas trabajan, crean e interactúan con la tecnología. Entre sus principales ventajas se encuentra la capacidad de automatizar procesos creativos, lo que permite generar textos, imágenes, música, videos o código de manera rápida y eficiente. Esto no solo optimiza el tiempo y los recursos, sino que también amplía el acceso a herramientas creativas para usuarios que no cuentan con conocimientos técnicos especializados.

 **Anotación**

En áreas como el diseño gráfico, la educación, la programación o el marketing, la IA generativa ha demostrado ser un aliado valioso para potenciar la productividad y la innovación.

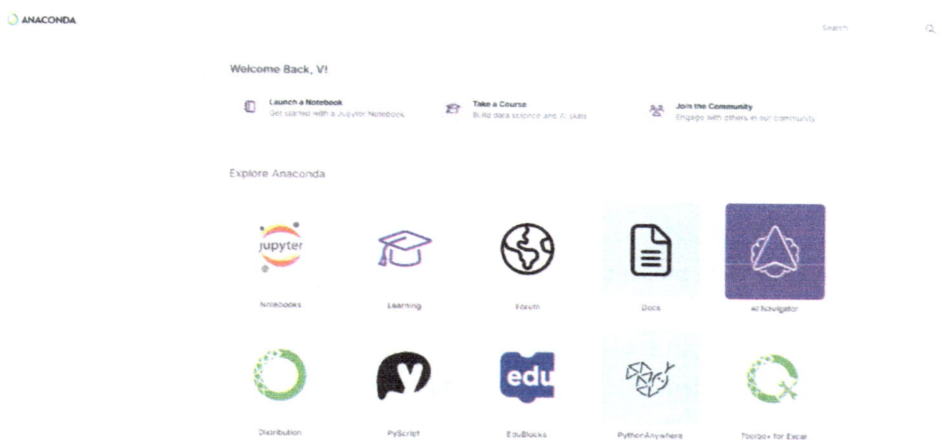

Fig. 6. Existen herramientas como Anaconda Assistant que ayudan a programar

En el ámbito del marketing, un modelo generativo puede redactar anuncios persuasivos a partir de una breve descripción de producto.

Otro beneficio importante es la personalización del contenido. Gracias a su capacidad para analizar patrones y preferencias, estas herramientas pueden generar materiales educativos adaptados al nivel de cada estudiante, redactar mensajes dirigidos a públicos específicos o simular conversaciones realistas para mejorar la atención al cliente. Además, en el campo de la salud y la investigación científica, permite generar datos sintéticos para entrenar modelos, diseñar moléculas con potencial terapéutico o realizar simulaciones complejas que agilizan el descubrimiento y la toma de decisiones.

La generación de información falsa o inexacta es uno de los principales peligros, ya que los modelos no comprueban la veracidad de lo que producen.

Estos avances también presentan desafíos importantes que requieren una reflexión crítica y una gestión responsable. Uno de los principales riesgos es la generación de información falsa o inexacta, ya que los modelos generativos no verifican la veracidad de los datos que producen. Esto puede dar lugar a errores, malentendidos o incluso a la difusión de noticias falsas, especialmente en contextos donde la precisión es esencial, como la salud, la educación o los medios de comunicación. Además, existe el peligro del uso malintencionado de la tecnología, como en la creación de contenido engañoso, suplantación de identidad con voces e imágenes falsas o manipulación de la opinión pública mediante bots automatizados.

A esto se suman desafíos éticos relacionados con la autoría, la privacidad de los datos utilizados para entrenar los modelos y la falta de transparencia sobre si el contenido ha sido producido por una persona o por una máquina. También preocupa el impacto en el mercado laboral, ya que la automatización de tareas tradicionalmente humanas puede generar desplazamientos laborales y exigir una rápida adaptación a nuevas habilidades.

Acompañar la implementación de IA con educación digital y formación en pensamiento crítico para distinguir contenidos confiables.

De esta forma podemos ver que, aunque la inteligencia artificial generativa ofrece beneficios extraordinarios, su integración en la sociedad debe ir acompañada de regulación, educación digital, y una ética sólida que garantice su uso responsable y equitativo. Solo así será posible aprovechar su potencial sin comprometer los valores fundamentales de la convivencia, la verdad y los derechos individuales.

4. Ética y regulaciones en la IA generativa

El avance de la inteligencia artificial generativa ha planteado no solo oportunidades técnicas y creativas, sino también profundas implicaciones éticas y jurídicas que aún están en proceso de definirse con claridad. A medida que estas tecnologías se integran en la vida cotidiana y en sectores clave como la comunicación, la educación, la salud y el entretenimiento, surge la necesidad urgente de establecer marcos éticos y normativos que guíen su desarrollo y uso responsable.

Esto requiere no sólo una comprensión más clara de cómo los humanos hacen esas elecciones, sino también una comprensión más clara de cómo los humanos perciben que la inteligencia artificial hace esas elecciones.

Para ver las aplicaciones de esta disciplina vamos a ilustrarlo con un ejemplo. Hoy día se habla mucho de los coches autónomos y de cómo van a revolucionar la conducción tal y como la conocemos, pero, en un caso en el que las dos únicas alternativas son poner en peligro la vida del ocupante o de un peatón ¿Qué decisión debería tomar el sistema? ¿Hay una vida más valiosa que otra? ¿Se debe asumir que el sacrificio individual es la alternativa al atropello de varios peatones?

Importante

El avance de la inteligencia artificial generativa no solo representa oportunidades técnicas y creativas, sino también profundas implicaciones éticas y jurídicas que aún están en proceso de definirse.

Estas preguntas son difíciles de contestar incluso para un ser humano, a este efecto el MIT habilitó una plataforma para reunir las decisiones que tomaría una persona, donde se exponen casos hipotéticos de accidente inevitable, Moral Machine.

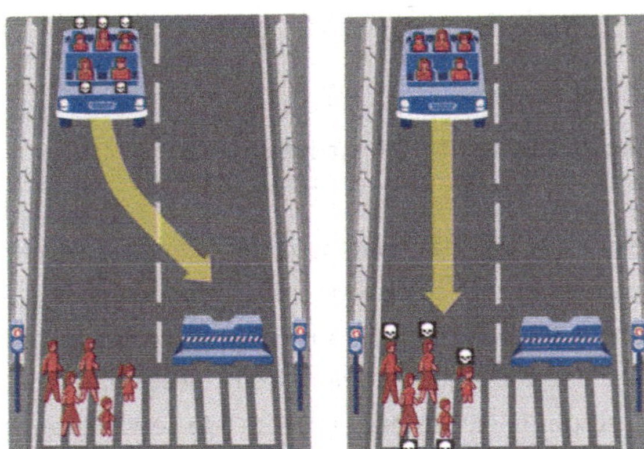

Fig. 7. Ejemplo de un dilema de la Máquina Moral

Bajo la apariencia de un test de respuesta múltiple, esta plataforma nos hace preguntas sobre casos de accidentes inevitables, para que entendamos las difíciles decisiones a las que se podría exponer un sistema de inteligencia artificial, y para crear una base de datos de conocimiento con las respuestas de los usuarios.

Desde el punto de vista ético, uno de los temas centrales es la autenticidad del contenido generado. La posibilidad de crear textos, imágenes, voces o videos que imitan con gran realismo a humanos plantea interrogantes sobre la autoría y la veracidad de la información.

En este contexto, resulta esencial asegurar la transparencia, es decir, que los usuarios puedan identificar claramente cuándo están interactuando con una IA y cuándo con una persona. Además, deben establecerse principios para prevenir el engaño deliberado, especialmente en contextos sensibles como los medios de comunicación, la publicidad o la política.

Fig. 8. Un video viral generado por IA de Will Smith comiendo pasta evidenció cómo pueden crearse imágenes de eventos que jamás sucedieron

Otro eje ético importante es la **privacidad**. Muchos modelos de IA generativa se entrenan con grandes volúmenes de datos tomados de internet, lo que puede incluir información personal o protegida por derechos de autor. La utilización de estos datos plantea la necesidad de garantizar el consentimiento informado, el anonimato y la protección frente al uso indebido de datos personales.

Muchos modelos generativos se entrenan con datos extraídos de internet, lo que puede incluir información personal o protegida por derechos de autor.

Asimismo, la reproducción de sesgos y estereotipos es un riesgo inherente a estas tecnologías. Dado que los modelos aprenden de datos históricos y culturales, pueden perpetuar o amplificar prejuicios de género, raza, religión o clase social. Esto obliga a desarrollar criterios de equidad e inclusión en el diseño y entrenamiento de los modelos, así como a aplicar mecanismos de auditoría y supervisión constante.

En cuanto a las regulaciones, aunque existe un vacío normativo a nivel internacional, el Reglamento de Inteligencia Artificial de la Unión Europea es la primera legislación a nivel mundial destinada a regular los sistemas de inteligencia artificial (IA), asegurando que sean seguros, éticos y fiables. Este reglamento sigue un enfoque basado en el riesgo, estableciendo diferentes niveles de regulación según el potencial de daño que un sistema de IA pueda causar a la sociedad.

Actualmente existe un vacío normativo internacional, pero la Unión Europea ha dado un paso clave con el Reglamento de Inteligencia Artificial.

Reglamento (UE) 2024/1689 del Parlamento Europeo y del Consejo, de 13 de junio de 2024, por el que se establecen normas armonizadas en materia de inteligencia artificial y por el que se modifican los Reglamentos (CE) nº 300/2008, (UE) nº 167/2013, (UE) nº 168/2013, (UE) 2018/858, (UE) 2018/1139 y (UE) 2019/2144 y las Directivas 2014/90/UE, (UE) 2016/797 y (UE) 2020/1828 (Reglamento de Inteligencia Artificial).

La clasificación de los sistemas de IA según el riesgo es la siguiente:

- **Riesgo mínimo o nulo:** Sistemas como videojuegos o filtros de spam que no representan riesgos significativos. Estos no están regulados por el reglamento.
- **Riesgo limitado:** Sistemas como chatbots o generadores de contenido que requieren obligaciones de transparencia, como informar a los usuarios que están interactuando con una IA.
- **Riesgo alto:** Sistemas utilizados en diagnósticos médicos, conducción autónoma o identificación biométrica en investigaciones criminales. Estos deben cumplir con requisitos estrictos, incluyendo pruebas rigurosas, transparencia y supervisión humana.
- **Riesgo inaceptable:** Sistemas que representan una amenaza para la seguridad, derechos o medios de vida de las personas, como la manipulación cognitiva, la puntuación social o el reconocimiento de emociones en el lugar de trabajo. Estos están prohibidos en la UE.

El reglamento también promueve la innovación en IA mediante:

- **Espacios controlados de pruebas (*sandboxes*):** Entornos que permiten el desarrollo, prueba y validación de sistemas de IA innovadores en condiciones reales.

- **Fomento de la inversión:** Iniciativas como el Plan Coordinado sobre Inteligencia Artificial buscan acelerar la inversión en IA en Europa.

Para garantizar la aplicación efectiva del reglamento, se establecen varios órganos:

- **Oficina de IA dentro de la Comisión Europea:** Encargada de hacer cumplir las normas comunes en toda la UE.
- **Panel científico de expertos independientes:** Apoya las actividades de aplicación del reglamento.
- **Comité de IA:** Formado por representantes de los Estados miembros para asesorar y asistir en la aplicación coherente del reglamento.
- **Foro consultivo:** Permite que las partes interesadas proporcionen conocimientos técnicos al Comité de IA y a la Comisión.

Las infracciones al reglamento pueden resultar en multas basadas en un porcentaje del volumen de negocios anual mundial de la empresa infractora o en una cantidad fija, lo que sea mayor. Las pymes y las empresas emergentes enfrentan multas proporcionales.

Este reglamento refleja el compromiso de la UE de liderar en la regulación de tecnologías emergentes, equilibrando la promoción de la innovación con la protección de los derechos fundamentales de sus ciudadanos.

De esta forma, podemos entender que el desarrollo de la IA generativa requiere un enfoque ético proactivo y regulaciones flexibles pero firmes que garanticen su uso al servicio del bien común. La colaboración entre gobiernos, empresas tecnológicas, instituciones educativas y la ciudadanía será clave para construir un marco que promueva la innovación sin perder de vista los derechos fundamentales, la seguridad y la dignidad humana.

Resumen

La IA generativa es una rama de la IA que crea contenido nuevo basándose en modelos de aprendizaje profundo como las redes generativas adversariales (GANs) y los modelos de lenguaje como GPT. Las GANs funcionan mediante un proceso de "tira y afloja" entre una red generadora y una discriminadora que mejora progresivamente la calidad del contenido generado. El potencial de esta tecnología es inmenso, con aplicaciones extendidas en la generación de texto (asistentes virtuales, chatbots), imágenes (arte digital, diseño gráfico con herramientas como DALL·E o Midjourney), música y audio (composición, voces sintéticas), y en sectores como la salud (diseño de medicamentos, imágenes médicas), jurídico/financiero (redacción de contratos, análisis de documentos), y educación (enseñanza personalizada, asistentes educativos).

Entre los beneficios se destacan la automatización de procesos creativos, optimizando tiempo y recursos, y la personalización del contenido para adaptarse a usuarios específicos o generar datos sintéticos. Sin embargo, existen desafíos importantes, como la generación de información falsa o inexacta ("alucinación"), el uso malintencionado (contenido engañoso, suplantación de identidad, manipulación), cuestiones éticas (autoría, privacidad de datos, falta de transparencia), el peligro de reproducir sesgos y estereotipos, y el impacto en el mercado laboral debido a la automatización.

Para abordar estos desafíos, es crucial establecer marcos de ética y regulación. El Reglamento de IA de la Unión Europea es un ejemplo pionero que clasifica los sistemas de IA por riesgo (mínimo/nulo, limitado, alto, inaceptable) y establece obligaciones de transparencia y requisitos estrictos para los sistemas de alto riesgo, prohibiendo los de riesgo inaceptable. Este reglamento también promueve la innovación y establece una estructura de gobernanza.

En definitiva, la IA generativa ofrece beneficios extraordinarios, pero su integración requiere regulación, educación y una ética sólida para garantizar un uso responsable y equitativo.

Glosario

Alucinación

Fenómeno en modelos generativos donde se produce información falsa o inventada, pero presentada de forma convincente.

GANs (Redes Generativas Adversariales)

Modelo de IA que utiliza dos redes neuronales compitiendo para generar datos sintéticos que parezcan reales.

GPT (Generative Pre-trained Transformer)

Familia de modelos de lenguaje de OpenAI, base de ChatGPT, que genera texto coherente y contextualizado.

IA generativa

Rama de la inteligencia artificial enfocada en crear contenido nuevo, como texto, imágenes o música.

Modelos de aprendizaje profundo

Tipo de algoritmos en los que se basa la IA generativa, como las GANs y los modelos Transformer.

Reglamento de IA de la Unión Europea (AI Act)

Primera legislación a nivel mundial destinada a regular los sistemas de inteligencia artificial basándose en el riesgo.

Sesgos

Prejuicios o estereotipos que los modelos de IA pueden reproducir o amplificar al aprender de datos históricos o culturales.

Sistemas de riesgo inaceptable

Sistemas de IA prohibidos en la UE por representar una amenaza para la seguridad, derechos o medios de vida de las personas (ej: manipulación cognitiva, puntuación social).

Transparencia

Principio ético en IA que implica que los usuarios puedan identificar claramente cuándo interactúan con una IA.

U. A. 2. ChatGPT y la Evolución de los Modelos GPT

Introducción

Esta unidad se centra en ChatGPT, uno de los modelos de lenguaje más conocidos y el punto de partida de la evolución de los modelos GPT de OpenAI. Exploraremos su funcionamiento interno, desde el procesamiento del texto hasta las etapas de entrenamiento que le permiten generar respuestas coherentes y contextualizadas. Repasaremos la historia y las capacidades crecientes de las distintas versiones de los modelos GPT, desde el original hasta GPT-4, destacando los avances técnicos que han llevado la IA generativa a millones de personas. Finalmente, se analizarán las limitaciones y riesgos inherentes a estos modelos avanzados.

Objetivos

- Explicar qué es ChatGPT y su base en la arquitectura Transformer.
- Describir el proceso de funcionamiento de ChatGPT, incluyendo la tokenización, el preentrenamiento y el ajuste fino (fine-tuning) con retroalimentación humana (RLHF).
- Analizar la evolución de los modelos GPT de OpenAI (GPT, GPT-2, GPT-3, GPT-4), destacando las mejoras en capacidad, complejidad y funcionalidades.
- Identificar las limitaciones y riesgos clave de los modelos GPT, como la alucinación, la dependencia del entrenamiento previo, el sesgo y el riesgo de uso malicioso.

1. ¿Cómo funciona ChatGPT?

ChatGPT es un modelo de lenguaje desarrollado por OpenAI que pertenece a la familia de los Large Language Models (LLMs), basados en la arquitectura Transformer. Su función principal es generar texto de manera coherente y contextualizada, respondiendo preguntas, completando frases o manteniendo conversaciones en lenguaje natural. Su nombre proviene de "Chat", por su capacidad conversacional, y "GPT", que significa Generative Pre-trained Transformer (Transformador Generativo Preentrenado).

Anotación

ChatGPT pertenece a los Large Language Models (LLMs), modelos entrenados con enormes volúmenes de texto para entender y generar lenguaje natural.

La **tokenización** es el proceso que permite a un modelo de inteligencia artificial entender el texto dividiéndolo en partes más pequeñas llamadas tokens. Estas partes no siempre coinciden con palabras completas; por ejemplo, una palabra larga como "insatisfecho" puede dividirse en varios tokens como "in", "satis" y "fecho".

Cálculo

"Insatisfecho" se tokeniza en: in + satis + fecho → 3 tokens.

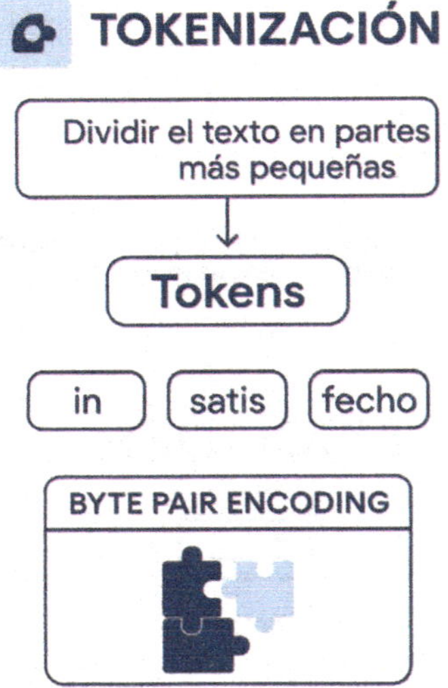

Esto significa que un texto de 100 palabras puede contener entre 120 y 150 tokens.

Esto se hace utilizando un método llamado Byte Pair Encoding, que agrupa las combinaciones de letras más comunes para que el modelo las procese de forma eficiente. Funciona de una manera parecida a cómo nosotros entendemos palabras, reconociendo raíces, prefijos y sufijos. En promedio, un token representa más o menos el 75% de una palabra, por lo que una frase puede tener más tokens que palabras. Elegir bien cómo dividir el texto en tokens es muy importante, porque de eso depende que el modelo entienda correctamente lo que queremos decir.

Truco

Si quieres obtener mejores resultados en tus consultas, estructura tus preguntas por partes. Por ejemplo, en vez de: "Explícame todo sobre la IA", se puede usar: "¿Qué es la inteligencia artificial? ¿Cuáles son sus tipos? ¿Para qué se usa?"

El funcionamiento de ChatGPT se puede dividir en varias etapas.

En primer lugar, el modelo pasa por una fase de preentrenamiento, en la cual se alimenta con grandes cantidades de texto provenientes de libros, artículos, sitios web y otros contenidos disponibles públicamente. Durante esta etapa, el modelo aprende a predecir la siguiente palabra en una frase, desarrollando así una comprensión estadística del lenguaje, las relaciones entre palabras, la estructura gramatical y las conexiones semánticas entre ideas. Esta etapa no requiere supervisión humana directa, ya que el modelo aprende de manera automática observando patrones en los datos.

Anotación

Esta fase de preentrenamiento se realiza sin intervención humana directa. El modelo aprende por sí solo al detectar patrones y correlaciones en los textos.

Posteriormente, se aplica una fase de ajuste fino (fine-tuning), donde se entrena al modelo en tareas específicas, como responder preguntas o seguir instrucciones. En el caso de ChatGPT, también se utiliza el método de aprendizaje por refuerzo con retroalimentación humana (RLHF, por sus siglas en inglés), en el cual entrenadores humanos califican distintas respuestas generadas por el modelo para ayudarlo a elegir las más útiles, seguras y coherentes. Este proceso mejora la calidad de las respuestas y reduce la probabilidad de generar contenido ofensivo, erróneo o irrelevante.

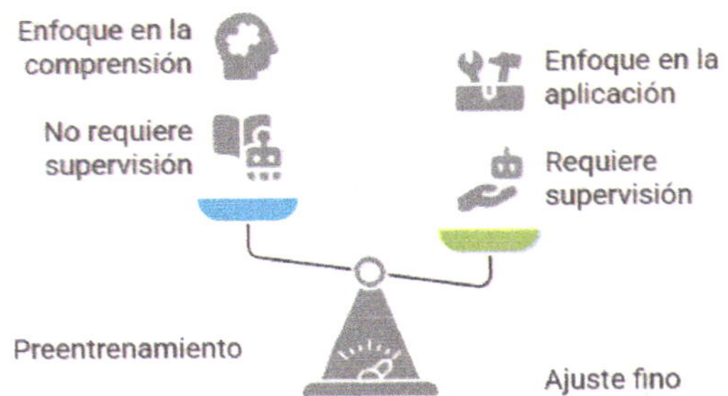

Fig. 1. Equilibrio entre la comprensión y la aplicación en el entrenamiento de la IA

El entrenamiento por RLHF mejora la calidad de las respuestas porque entrenadores humanos clasifican varias respuestas del modelo y le enseñan cuál es la más adecuada.

Cuando una persona interactúa con ChatGPT, el modelo procesa la entrada de texto del usuario como una secuencia de palabras, analiza su contexto y genera una respuesta palabra por palabra, calculando cuál es la opción más probable que sigue en la conversación, basándose en todo lo aprendido previamente. ChatGPT no comprende el lenguaje de la misma manera que los humanos, ni tiene conciencia o conocimiento actualizado en tiempo real, pero puede imitar el estilo conversacional humano con notable precisión gracias a su entrenamiento masivo.

2. Evolución de los modelos GPT de OpenAI

La evolución de los modelos GPT (Generative Pre-trained Transformer) de OpenAI representa uno de los avances más significativos en el campo de la inteligencia artificial generativa. Desde su primera versión, estos modelos han sido diseñados para comprender y generar lenguaje humano con una fluidez cada vez más cercana a la conversación real, y su desarrollo ha estado marcado por un crecimiento exponencial en capacidad, complejidad y aplicaciones.

Todo comenzó con GPT (2018), el primer modelo de esta serie. Aunque relativamente pequeño en comparación con sus sucesores, ya incorporaba la arquitectura Transformer, una estructura que revolucionó el procesamiento del lenguaje natural al permitir que el modelo analizara contextos largos y captara relaciones entre palabras en distintas posiciones de un texto. GPT demostró que era posible generar texto coherente sin entrenamiento supervisado específico para cada tarea, lo que lo convirtió en un hito en la investigación de modelos de lenguaje.

Posteriormente, GPT-2 (2019) amplió esta visión con un salto considerable en tamaño y capacidad: 1.5 mil millones de parámetros frente a los 117 millones de la versión anterior. Esta versión captó la atención mundial por su sorprendente habilidad para generar texto convincente a partir de pocas palabras. Debido a su potencial para ser mal utilizado (por ejemplo, en la creación de noticias falsas), OpenAI optó inicialmente por no publicar el modelo completo, lo que generó un intenso debate sobre los riesgos de la IA generativa.

Con GPT-3 (2020), el modelo alcanzó un nivel sin precedentes de sofisticación, con 175 mil millones de parámetros. GPT-3 demostró una capacidad sorprendente para mantener conversaciones, responder preguntas, redactar textos, escribir código, traducir idiomas y realizar tareas complejas con instrucciones mínimas. Su lanzamiento marcó el inicio de una nueva era para las aplicaciones comerciales de la inteligencia artificial, con el modelo integrado en múltiples plataformas educativas, empresariales y de productividad.

La llegada de GPT-4 (2023) consolidó la madurez del modelo. Aunque OpenAI no ha revelado su tamaño exacto, GPT-4 se distingue por una mayor precisión, menor tendencia a las alucinaciones y una capacidad superior de razonamiento. Además, es multimodal, lo que significa que no solo entiende y genera texto, sino también puede interpretar imágenes y combinarlas con lenguaje, ampliando radicalmente su campo de aplicación. También mejora su capacidad para seguir instrucciones complejas, mantener coherencia en diálogos largos y generar respuestas más seguras y útiles.

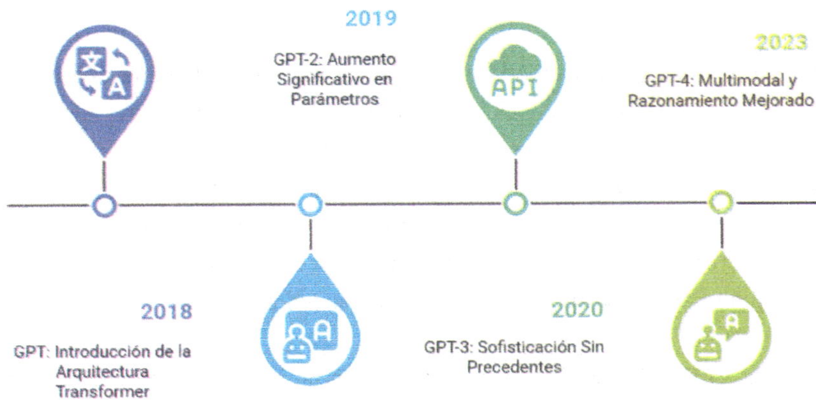

Fig. 2. Evolución de los modelos GTP: un viaje a través de la IA del lenguaje

Actualmente, modelos como GPT-4-turbo, una versión más eficiente y económica de GPT-4, impulsan aplicaciones como ChatGPT, integrando memoria de conversaciones y herramientas especializadas que lo convierten en un asistente más versátil. Esta evolución no solo refleja un avance técnico, sino también un proceso continuo de reflexión ética, mejora de seguridad y ampliación de capacidades que ha permitido llevar la inteligencia artificial generativa a millones de personas en todo el mundo.

3. Comparativa con otros modelos de lenguaje (Claude, Gemini, Mistral, etc.)

En el competitivo panorama de la inteligencia artificial generativa, GPT desarrollado por OpenAI es uno de los modelos más influyentes y extendidos. Sin embargo, en los últimos años han surgido otros modelos de lenguaje avanzados que ofrecen capacidades comparables o complementarias, como Claude de Anthropic, Gemini de Google DeepMind y Mistral de la empresa europea homónima. Cada uno de estos modelos presenta fortalezas particulares que reflejan distintas aproximaciones al desarrollo de inteligencia artificial.

GPT, actualmente en su versión más avanzada GPT-4 y GPT-4-turbo, se caracteriza por su versatilidad, gran capacidad de generación de texmto, razonamiento contextual y comprensión de instrucciones complejas. Es multimodal, lo que le permite procesar imágenes además de texto, y ha sido ampliamente integrado en herramientas prácticas como ChatGPT, Microsoft Copilot o Canva. OpenAI ha trabajado también en dotarlo de memoria a largo plazo y de herramientas externas como navegadores web o generadores de código, lo que amplía su funcionalidad en tareas complejas.

Por su parte, Claude, desarrollado por la empresa Anthropic, apuesta por una IA más segura, interpretable y alineada con los valores humanos. Claude se ha entrenado con un enfoque centrado en principios éticos y presenta un estilo conversacional especialmente "cuidadoso" y cooperativo. Claude destaca por manejar contextos largos con fluidez, lo que lo convierte en una opción ideal para la lectura y análisis de documentos extensos, y para asistir en procesos creativos o redactar textos con estilo humano natural y matizado.

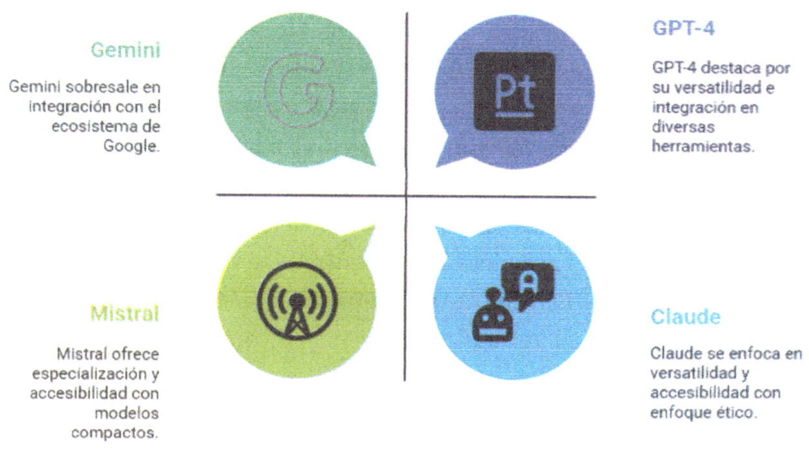

Fig. 3. Comparación de modelos de lenguaje avanzados

Gemini, el modelo creado por Google DeepMind (anteriormente conocido como Bard), representa una fusión de capacidades de lenguaje con herramientas de búsqueda y comprensión profunda del entorno digital. Una de sus ventajas competitivas es la integración nativa con el ecosistema de Google, como Gmail, Docs o Maps, lo que le permite ofrecer respuestas contextualmente más relevantes en entornos conectados. Gemini también es multimodal y se ha optimizado para tareas de análisis técnico, generación de código y acceso a información actualizada gracias a su conexión directa con los servicios de búsqueda de Google.

Mistral, en cambio, se posiciona como un actor emergente desde Europa, con un enfoque en modelos de código abierto, eficientes y altamente especializados. Aunque sus modelos son más ligeros en comparación con gigantes como GPT-4 o Gemini, Mistral ha demostrado que es posible alcanzar resultados competitivos con arquitecturas más compactas, rápidas y accesibles. Esto lo convierte en una opción atractiva para desarrolladores que buscan soluciones modulares, transparentes y adaptables, especialmente en entornos donde se valora la soberanía tecnológica y la privacidad de los datos.

DeepSeek, desarrollado por una empresa china del mismo nombre, representa un modelo de lenguaje altamente técnico y optimizado para tareas de programación, razonamiento matemático y científico. Su arquitectura se ha centrado en mejorar la precisión en tareas específicas, como la resolución de problemas matemáticos, la generación de código y la comprensión de textos científicos complejos. Esto lo posiciona como una herramienta valiosa no solo en el ámbito general del lenguaje, sino especialmente en entornos profesionales donde se requiere precisión técnica. DeepSeek ha publicado versiones tanto de su modelo base como de variantes orientadas a desarrolladores, manteniendo un enfoque en transparencia y código abierto, similar a Mistral, pero con una clara orientación al rendimiento especializado.

4. Limitaciones y riesgos de los modelos GPT

Aunque los modelos GPT de OpenAI, especialmente en sus versiones más recientes como GPT-4, representan una de las tecnologías más avanzadas en el campo de la inteligencia artificial generativa, no están exentos de limitaciones ni de riesgos, tanto técnicos como éticos y sociales. A pesar de su capacidad para generar texto fluido, coherente y contextualizado, es fundamental comprender sus debilidades para promover un uso más informado y responsable.

Una de las principales limitaciones de los modelos GPT es que no comprenden realmente el lenguaje. Funcionan como modelos estadísticos predictivos, que eligen la palabra más probable en función del contexto anterior, sin tener una comprensión consciente, intencional ni verificación de los hechos. Esto da lugar a un fenómeno conocido como "alucinación", en el cual el modelo puede generar respuestas falsas, incorrectas o completamente inventadas, pero presentadas con un estilo confiado y convincente. Esto representa un riesgo particular en contextos como la medicina, el derecho o el periodismo, donde la precisión de la información es fundamental.

Modelo	Empresa	Fortalezas principales	Enfoque distintivo
GPT-4 / GPT-4-turbo	OpenAI	Multimodal, potente razonamiento, herramientas integradas	Versatilidad y expansión comercial masiva
Claude	Anthropic	Ética, seguridad, manejo de textos largos	Conversación cooperativa y responsable
Gemini	Google DeepMind	Integración con el ecosistema Google, búsqueda en tiempo real	Asistente conectado al mundo digital
Mistral	Mistral (UE)	Ligero, eficiente, código abierto	Soberanía tecnológica, transparencia
DeepSeek	DeepSeek (China)	Precisión matemática y técnica, programación	Optimización técnica y científico-especializada

Otra limitación es su dependencia del entrenamiento previo. Los GPT se entrenan con datos recopilados hasta una fecha determinada, por lo que su conocimiento no es actualizado en tiempo real a menos que se integre con herramientas externas, como navegadores o bases de datos conectadas. Esto significa que no pueden responder con precisión a hechos recientes o cambios actuales, lo cual puede ser una desventaja importante en situaciones que requieren información en tiempo real.

También es relevante el riesgo de sesgo. Los modelos GPT aprenden de grandes volúmenes de texto procedente de internet, que reflejan los prejuicios, estereotipos y desequilibrios existentes en la sociedad. Como resultado, pueden reproducir o incluso amplificar estos sesgos en sus respuestas, afectando de manera negativa la equidad, la inclusión y la representación de ciertos grupos o temas sensibles.

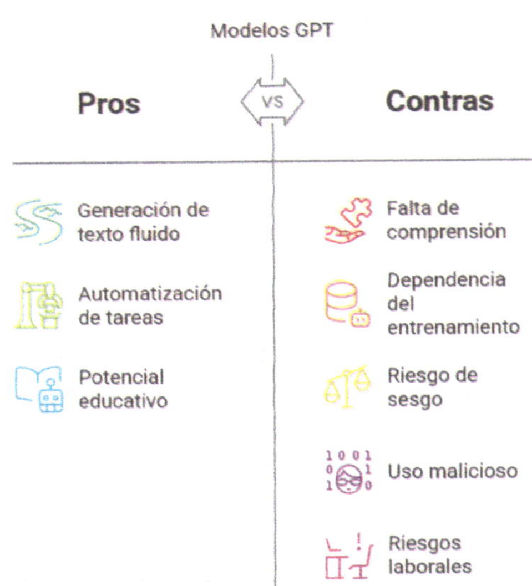

Además, existe el peligro de uso malicioso. Al ser capaces de generar textos realistas, los modelos GPT pueden ser utilizados para crear noticias falsas, suplantar identidades, redactar correos fraudulentos o manipular conversaciones. Esto plantea desafíos importantes en términos de seguridad digital, integridad de la información y protección de la democracia.

Finalmente, el uso de estos modelos también implica riesgos laborales y educativos. En el ámbito profesional, la automatización de tareas que antes eran realizadas por humanos puede llevar a la reducción de puestos de trabajo o a la transformación acelerada de los perfiles requeridos. En el ámbito educativo, el uso excesivo o acrítico de GPT puede fomentar la dependencia, disminuir el pensamiento crítico y plantear dudas sobre la autoría original de los trabajos académicos.

Resumen

ChatGPT, desarrollado por OpenAI, es un Large Language Model (LLM) basado en la arquitectura Transformer, diseñado para generar texto, responder preguntas y mantener conversaciones naturales. Su nombre combina "Chat" (conversacional) y "GPT" (Generative Pre-trained Transformer). El proceso de funcionamiento implica la tokenización, que divide el texto en unidades más pequeñas (tokens), similar a cómo el cerebro entiende raíces y sufijos. El entrenamiento se divide en dos etapas principales: preentrenamiento, donde aprende patrones lingüísticos prediciendo la siguiente palabra en vastos conjuntos de datos sin supervisión humana, y ajuste fino (fine-tuning), adaptado a tareas específicas, utilizando aprendizaje por refuerzo con retroalimentación humana (RLHF) para mejorar la calidad, seguridad y coherencia de las respuestas.

Aunque imita el lenguaje humano, ChatGPT no tiene conciencia ni conocimiento en tiempo real. La evolución de los modelos GPT muestra un crecimiento exponencial: GPT (2018) introdujo la arquitectura Transformer; GPT-2 (2019) aumentó significativamente los parámetros, generando texto convincente pero planteando debates sobre riesgos de mal uso; GPT-3 (2020) alcanzó 175 mil millones de parámetros, permitiendo tareas complejas y marcando el inicio de aplicaciones comerciales; GPT-4 (2023) ofreció mayor precisión, menos alucinaciones, mejor razonamiento y multimodalidad (procesa texto e imágenes).

Versiones como GPT-4-turbo son más eficientes e integran memoria y herramientas especializadas. A pesar de estos avances, los modelos GPT tienen limitaciones: no "comprenden" realmente, funcionan como modelos estadísticos, lo que lleva a la alucinación (generan información falsa con confianza); su conocimiento está limitado por los datos de entrenamiento (no en tiempo real a menos que se integren herramientas); pueden reproducir o amplificar sesgos presentes en sus datos; existe el riesgo de uso malicioso para crear noticias falsas, suplantación o fraude; y tienen un impacto laboral y educativo (automatización, dependencia, dudas sobre autoría).

Glosario

Ajuste fino (Fine-tuning)

Etapa posterior al preentrenamiento, donde el modelo se entrena en tareas específicas o con datos particulares.

ChatGPT

Modelo de lenguaje de OpenAI basado en la arquitectura Transformer, optimizado para conversaciones.

GPT (Generative Pre-trained Transformer)

Nombre genérico de la familia de modelos de OpenAI, incluyendo versiones como GPT-2, GPT-3, GPT-4.

LLMs (Large Language Models)

Modelos de lenguaje de gran escala, como ChatGPT, entrenados con enormes cantidades de texto.

Multimodal

Capacidad de un modelo de IA para procesar y generar información en diferentes tipos de datos, como texto e imágenes.

Preentrenamiento

Etapa inicial del entrenamiento de modelos de lenguaje, donde aprenden patrones prediciendo la siguiente palabra en grandes corpus de texto.

Tokenización

Proceso de dividir el texto en unidades más pequeñas (tokens) para que el modelo lo procese.

Transformer

Arquitectura de red neuronal que revolucionó el procesamiento del lenguaje natural, base de los modelos GPT.

RLHF (Aprendizaje por Refuerzo con Retroalimentación Humana)

Método utilizado para ajustar modelos como ChatGPT, donde entrenadores humanos califican las respuestas para mejorar su calidad y seguridad.

U. A. 3. Otras IA generativas en texto

Introducción

Aunque los modelos GPT de OpenAI son muy influyentes, el panorama de la IA generativa en texto es cada vez más competitivo con la aparición de otros modelos de lenguaje avanzados.

Esta unidad presenta a algunos de los principales competidores de GPT, como Claude de Anthropic, Gemini de Google DeepMind y Mistral de la empresa europea homónima, así como DeepSeek y otros modelos de código abierto.

Se analizarán sus características distintivas, fortalezas y enfoques particulares en el desarrollo de inteligencia artificial, ofreciendo una comparativa del ecosistema actual de generación de texto por IA.

Objetivos

- Identificar y comparar las características principales de modelos de lenguaje como Claude, Gemini, Mistral y DeepSeek.
- Comprender los enfoques distintivos de diferentes empresas en el desarrollo de IA generativa (seguridad, integración, especialización, código abierto).
- Valorar las ventajas y desafíos de los modelos de código abierto en el ámbito de la generación de texto.
- Reconocer la diversidad de modelos de lenguaje disponibles y sus posibles aplicaciones según sus fortalezas específicas.

1. Gemini de Google

Una de las principales alternativas a los modelos GPT de OpenAI en el campo de la inteligencia artificial generativa es Gemini, el modelo de lenguaje desarrollado por Google DeepMind. Gemini representa la evolución de lo que anteriormente se conocía como Bard, el asistente conversacional de Google, y ha sido diseñado para competir directamente con modelos como GPT-4, destacándose por su integración profunda con el ecosistema de servicios de Google y su enfoque en la multimodalidad.

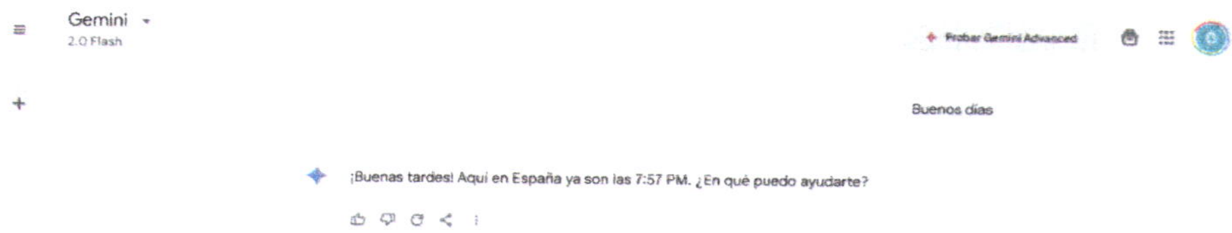

Fig. 1. Gemini funciona de forma similar a otros generadores de texto como chatGPT

A nivel técnico, Gemini está construido sobre la base de los avances de modelos anteriores como PaLM y utiliza una arquitectura de gran escala que permite comprender y generar lenguaje natural de forma altamente coherente. Una de sus fortalezas distintivas es su capacidad multimodal, lo que significa que puede no solo procesar y generar texto, sino también interactuar con imágenes, audio, gráficos y otros tipos de datos. Esto amplía significativamente sus posibilidades de uso en tareas complejas que requieren interpretar distintos tipos de información de manera conjunta.

Además, Gemini se beneficia de su conexión directa con la infraestructura de búsqueda y los servicios de Google, lo que le permite acceder a información actualizada, generar respuestas basadas en datos recientes y ofrecer una experiencia más contextualizada en entornos como Gmail, Google Drive, Docs, Maps y otros productos del ecosistema. Esta integración lo convierte en una herramienta muy potente para usuarios que ya trabajan dentro de las plataformas de Google, ya que puede redactar correos, resumir documentos, programar eventos o buscar información en tiempo real con gran fluidez.

Anotación

Gemini destaca como la mejor opción para aquellos ya inmersos en el ecosistema de Google, ya que optimiza las tareas diarias (redacción, organización y búsqueda).

En cuanto a su enfoque, Google ha trabajado para que Gemini sea una IA segura, responsable y centrada en el usuario. Se han aplicado principios éticos de diseño, filtrado de contenido y transparencia en la interacción para mitigar riesgos como la desinformación, los sesgos y el uso malicioso. Asimismo, se han incorporado mejoras en el manejo de instrucciones complejas, en el seguimiento de conversaciones prolongadas y en la generación de contenido creativo.

2. Claude de Anthropic

Otra de las IA generativas más destacadas en el ámbito del procesamiento del lenguaje natural es Claude, desarrollada por la empresa Anthropic, una compañía fundada por exmiembros de OpenAI con un fuerte enfoque en la seguridad, la ética y la alineación de la inteligencia artificial con los valores humanos. Claude se posiciona como una alternativa a modelos como GPT o Gemini, pero con un enfoque más cuidadoso, reflexivo y orientado a la conversación útil y responsable.

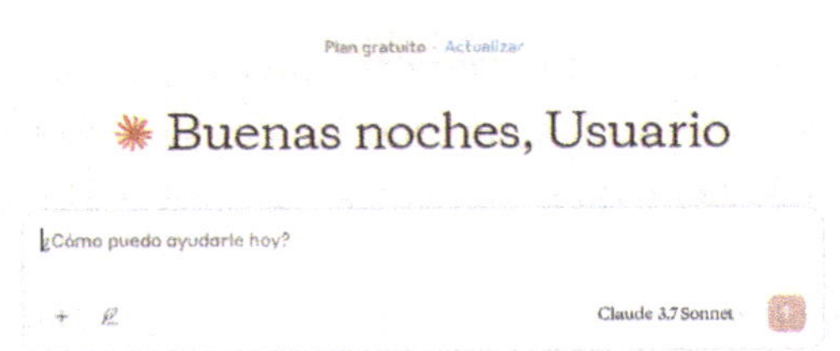

Fig. 2. Las interfaces son similares entre las diferentes herramientas, lo que hace que aprender una nos abra las puertas a las demás

Claude toma su nombre en honor a Claude Shannon, pionero de la teoría de la información, y ha sido diseñado para ser seguro por defecto, es decir, para minimizar los riesgos de generar contenido ofensivo, manipulador o incorrecto. Una de sus principales características es su habilidad para seguir instrucciones complejas con precisión, manteniendo un estilo conversacional claro y amigable. Esto lo hace especialmente útil en entornos educativos, creativos y de asistencia profesional, donde se valora tanto la calidad como la sensibilidad del contenido generado.

Una de sus principales características es su capacidad para seguir instrucciones complejas con precisión, manteniendo un estilo conversacional claro y amigable. Esto lo hace especialmente útil en entornos educativos, creativos y de asistencia profesional, donde se valora tanto la calidad como la sensibilidad del contenido generado.

Una de las fortalezas técnicas de Claude es su capacidad de contexto extendido. Esto significa que puede analizar, resumir y razonar sobre documentos muy largos —incluso con decenas de miles de palabras—, lo que lo convierte en una herramienta poderosa para investigadores, estudiantes, editores o profesionales que trabajan con textos extensos. Esta ventaja le permite sostener conversaciones prolongadas sin perder coherencia o contexto, un reto importante para muchos modelos generativos.

Desde el punto de vista ético, Anthropic ha adoptado un enfoque de desarrollo denominado "Constitutional AI", en el cual el comportamiento del modelo está guiado por un conjunto explícito de principios, como el respeto por los derechos humanos, la imparcialidad y la transparencia. Esta metodología busca que el modelo aprenda a rechazar solicitudes problemáticas sin necesidad de intervención directa humana en cada caso, lo que mejora su capacidad de autorregulación.

Saber más

Claude ha sido diseñado para rechazar solicitudes problemáticas sin intervención humana directa, lo que mejora su capacidad para adaptarse de manera autónoma y ofrecer respuestas éticamente alineadas.

Claude también destaca por su capacidad creativa. Es eficaz para redactar textos narrativos, sugerir ideas originales, revisar y reescribir textos, y adaptarse al estilo deseado por el usuario. Todo esto lo convierte en un asistente versátil, tanto para uso personal como profesional, especialmente en entornos donde se necesita un tono empático, claro y éticamente cuidadoso.

3. DeepSeek

DeepSeek es un modelo de lenguaje de nueva generación desarrollado por una empresa china emergente del mismo nombre. Aunque menos conocido a nivel global que GPT o Gemini, DeepSeek se ha posicionado rápidamente como una alternativa técnica de alto nivel, especialmente valorada por su eficiencia, precisión matemática y rendimiento en tareas de programación y razonamiento lógico. Su desarrollo responde a la creciente demanda de modelos potentes y más accesibles, tanto en términos de uso como de transparencia, en el ecosistema de la inteligencia artificial.

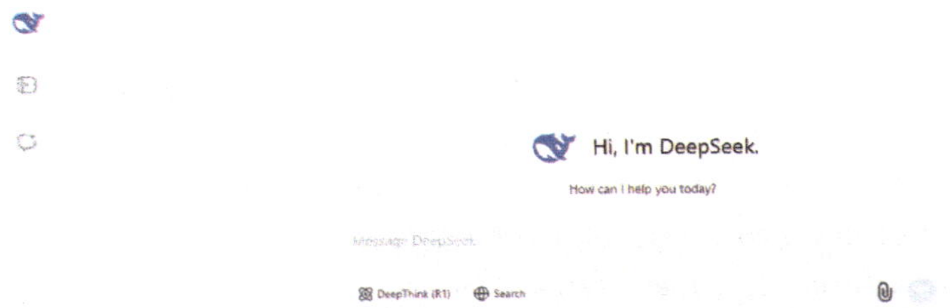

Fig. 3. DeepSeek destaca porque podemos descargar el modelo a nuestro equipo y ser de código abierto

Una de las características más destacadas de DeepSeek es su especialización en tareas técnico-científicas. A diferencia de modelos generalistas que se enfocan en la conversación o la redacción de textos cotidianos, DeepSeek ha sido optimizado para resolver problemas matemáticos, escribir y depurar código, y entender contenidos complejos en áreas como la ingeniería o la física. Esta orientación lo convierte en una herramienta ideal para desarrolladores, investigadores, estudiantes de ciencia y tecnología, o profesionales que buscan precisión técnica en sus interacciones con un modelo de lenguaje.

Anotación

Este modelo es ideal para desarrolladores, investigadores, estudiantes de ciencia y tecnología, o profesionales que buscan precisión técnica en sus interacciones con un modelo de lenguaje. Si necesitas resolver un problema de álgebra complejo o depurar un bloque de código, DeepSeek puede ofrecer soluciones de manera más eficiente que otros modelos generalistas.

Además, DeepSeek ha seguido una política de modelo abierto, lo que permite a la comunidad de desarrolladores acceder, adaptar y experimentar con sus versiones base. Esta apertura lo alinea con iniciativas similares como las de Mistral o Meta (con LLaMA), en contraposición a modelos más cerrados como GPT o Gemini. El código abierto no solo fomenta la innovación y el uso descentralizado, sino que también contribuye a la transparencia y a la auditoría del comportamiento del modelo.

Saber más

Si estás interesado en implementar estos modelos en un entorno local o corporativo, ten en cuenta que, al ser open source, puedes adaptar el modelo a tus necesidades, pero asegúrate de tener un equipo adecuado y conocimientos técnicos sólidos para realizar la integración de manera eficiente.

En términos de rendimiento, DeepSeek ha demostrado resultados competitivos en pruebas de comprensión lectora, programación y generación de texto, posicionándose en varios benchmarks técnicos junto a modelos como GPT-4 y Claude. Aunque aún está en fase de expansión internacional, su desarrollo activo y su comunidad en crecimiento apuntan a que se convertirá en un actor relevante en el futuro de la IA generativa.

4. Modelos Open Source (Mistral, Falcon, etc.)

En el panorama de la inteligencia artificial generativa, una tendencia en crecimiento es el desarrollo de modelos de lenguaje open source, es decir, modelos cuyo código, arquitectura y a menudo pesos entrenados están disponibles públicamente para que la comunidad pueda utilizarlos, adaptarlos o mejorarlos. Frente a las soluciones cerradas y propietarias como GPT (OpenAI), Claude (Anthropic) o Gemini (Google), los modelos de código abierto representan una alternativa más transparente, accesible y descentralizada, con un enfoque orientado a la colaboración y la soberanía tecnológica.

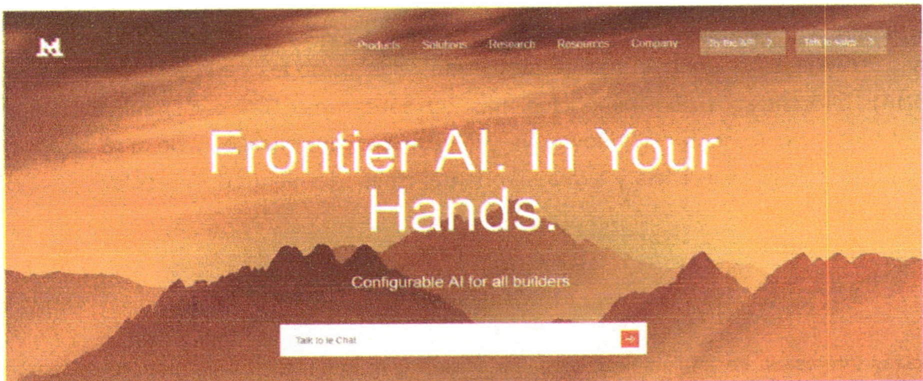

Fig. 4. Frontier AI son sistemas de inteligencia artificial más avanzados, generalmente basados en modelos de gran escala

Uno de los nombres más destacados en este ámbito es Mistral, una empresa europea que ha lanzado modelos de alto rendimiento con arquitecturas optimizadas y enfoque 100% abierto. Mistral se ha centrado en construir modelos pequeños y eficientes, como Mistral 7B y Mixtral, un modelo tipo mixture-of-experts que activa dinámicamente solo algunas partes de la red neuronal para cada entrada, mejorando la eficiencia sin sacrificar precisión. Estos modelos han demostrado resultados competitivos en tareas de lenguaje general, razonamiento y generación de texto, y se utilizan en aplicaciones comerciales, educativas y técnicas donde la transparencia y el control local son prioritarios.

Otro actor relevante es Falcon, desarrollado por el Instituto de Innovación Tecnológica de Abu Dhabi. Falcon ha lanzado modelos como Falcon 7B y Falcon 40B, que ofrecen un rendimiento sólido y han sido entrenados con grandes corpus[1] multilingües. Su apertura ha sido especialmente valorada en entornos académicos y de investigación, así como por empresas que buscan integrar IA sin depender de plataformas extranjeras o soluciones de "caja negra". Falcon ha logrado buena posición en varios benchmarks de procesamiento de lenguaje natural, combinando escala y calidad en un entorno accesible.

Un **corpus** es un conjunto amplio y estructurado de textos o datos que se utiliza para entrenar y mejorar sistemas de Inteligencia Artificial (IA), especialmente aquellos relacionados con el Procesamiento del Lenguaje Natural (PLN) o Machine Learning (ML).

A diferencia de los modelos más grandes y generalistas como GPT o Gemini, los modelos de código abierto como Mistral y Falcon priorizan la eficiencia y especialización, lo que permite aplicaciones más modulares y con mayor control sobre el uso y los datos.

Además de Mistral y Falcon, destacan otras iniciativas como LLaMA (Large Language Model Meta AI) de Meta, que, aunque inicialmente distribuido bajo licencia restringida, ha evolucionado hacia versiones más abiertas como LLaMA 2 y posiblemente LLaMA 3, que se han integrado en muchos proyectos y sistemas de IA personalizados. También existen modelos como Bloom, desarrollado por el consorcio BigScience, cuyo enfoque se ha centrado en la multilingüidad, la equidad en el entrenamiento y la ciencia abierta, promoviendo el uso ético y democrático de los grandes modelos de lenguaje.

La serie Llama-4 fue lanzada en abril de 2025. La arquitectura se cambió a una mezcla de expertos. Son multimodales (entrada de texto e imagen, salida de texto) y multilingües (12 idiomas).

Estos modelos open source tienen varias ventajas claras: permiten la auditoría técnica, reducen los riesgos de dependencia tecnológica, favorecen la innovación local y ofrecen mayor flexibilidad para integrarse en sistemas internos sin exponer datos sensibles a servidores externos. No obstante, también presentan desafíos, como la necesidad de mayor conocimiento técnico para su implementación y la responsabilidad compartida en cuanto al uso ético y seguro de la tecnología.

5. Aplicaciones de los modelos de texto en distintos sectores

Los modelos de lenguaje basados en inteligencia artificial, como GPT, Claude, Gemini o Mistral, están transformando radicalmente el funcionamiento de múltiples sectores gracias a su capacidad para comprender, generar y procesar texto en lenguaje natural. Su versatilidad y precisión han permitido su adopción en campos tan diversos como la educación, la salud, los negocios, la tecnología, la justicia y la cultura.

En el ámbito educativo, estos modelos se utilizan para crear contenidos personalizados, responder preguntas de estudiantes, generar ejercicios, corregir redacciones y ofrecer tutoría automatizada en múltiples materias. También permiten diseñar materiales inclusivos y adaptativos que responden al nivel y estilo de aprendizaje de cada alumno. Los docentes, por su parte, los emplean para ahorrar tiempo en tareas como la planificación de clases o la elaboración de recursos didácticos.

Automatizar la atención al cliente con bots alimentados por modelos de lenguaje puede reducir tiempos de espera y mejorar la personalización del servicio.

En el sector empresarial y del marketing, las aplicaciones se centran en la redacción de correos, la atención al cliente mediante chatbots inteligentes, la generación de contenidos para redes sociales y blogs, o la automatización de informes y análisis de datos. Los modelos de lenguaje también pueden realizar análisis de sentimientos en opiniones de usuarios, redactar descripciones de productos o asistir en tareas de ventas y soporte técnico, mejorando la eficiencia y la personalización del servicio.

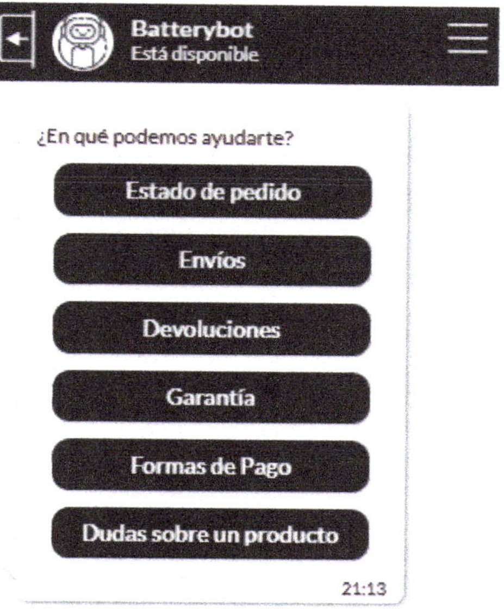

Fig. 5. Un ejemplo de bot para atender clientes en una página web

En el campo de la salud, los modelos de texto permiten asistir en la redacción de informes clínicos, el resumen de historiales médicos o la consulta de literatura científica. También se utilizan en plataformas de telemedicina, facilitando el diálogo entre pacientes y sistemas automatizados, o ayudando a profesionales médicos a interpretar síntomas descritos por los usuarios. No reemplazan el juicio clínico, pero son una herramienta valiosa para agilizar tareas administrativas o informativas.

Dentro del ámbito jurídico y administrativo, se aplican para analizar contratos, redactar documentos legales, resumir normativas o jurisprudencia, e incluso apoyar en la preparación de demandas y respuestas legales. En combinación con bases de datos jurídicas, los modelos de lenguaje pueden ofrecer una primera interpretación textual de leyes y reglamentos, lo que acelera procesos de consulta y preparación documental.

En el sector tecnológico y científico, estos modelos se emplean para asistir en la escritura y depuración de código, generar documentación técnica, interpretar datos experimentales o traducir publicaciones científicas. Son especialmente útiles para investigadores y desarrolladores que necesitan generar explicaciones, revisar teorías, traducir artículos técnicos o automatizar tareas repetitivas en la escritura de proyectos y papers.

En el ámbito cultural y creativo, los modelos de texto han abierto nuevas posibilidades en la escritura de cuentos, poesía, guiones, videojuegos y hasta letras de canciones. También se utilizan en museos, medios de comunicación y editoriales para generar descripciones, reseñas o contenido personalizado. Esta colaboración entre creatividad humana e inteligencia artificial ha dado lugar a nuevas formas de expresión y experimentación artística.

Anotación

El impacto de los modelos de lenguaje en cada sector puede medirse mediante la eficiencia mejorada en tareas repetitivas, el aumento de la productividad y la optimización de la interacción humana con la tecnología.

Resumen

El panorama de la IA generativa en texto incluye modelos influyentes más allá de GPT. Claude (Anthropic) se enfoca en una IA segura, interpretable y alineada con valores humanos, entrenado con principios éticos ("Constitutional AI"), destaca por manejar contextos largos y tener un estilo conversacional cuidadoso. Gemini (Google DeepMind) fusiona capacidades de lenguaje con búsqueda, se integra con el ecosistema de Google (Gmail, Docs), es multimodal y optimizado para análisis técnico, código y acceso a información actualizada.

Mistral (europea) se posiciona con modelos de código abierto, eficientes y especializados, ofreciendo resultados competitivos con arquitecturas más compactas, atractiva para desarrolladores que buscan transparencia y control local. DeepSeek (china) es un modelo altamente técnico optimizado para programación, razonamiento matemático y científico, con una política de modelo abierto similar a Mistral. Otros modelos de código abierto relevantes incluyen Falcon (alto rendimiento, multilingüe, del Instituto de Innovación Tecnológica de Abu Dhabi), LLaMA (Meta, con versiones más abiertas), y Bloom (consorcio BigScience, multilingüe, ciencia abierta).

Las ventajas de los modelos open source son la auditabilidad técnica, la reducción de dependencia tecnológica, el fomento de la innovación local y la flexibilidad. Los desafíos incluyen la necesidad de mayor conocimiento técnico para la implementación y la responsabilidad compartida sobre el uso ético. Un corpus es un conjunto amplio de textos o datos usado para entrenar sistemas de IA, especialmente en Procesamiento del Lenguaje Natural (PLN).

U. A. 3. Otras IA generativas en texto

Glosario

Claude

Modelo de lenguaje desarrollado por Anthropic, enfocado en la seguridad y la alineación con valores humanos.

Constitutional AI

Enfoque de entrenamiento ético utilizado por Anthropic para guiar el comportamiento de Claude mediante un conjunto de principios.

Contexto extendido

Capacidad de un modelo de lenguaje para procesar y razonar sobre documentos muy largos.

Corpus

Conjunto amplio y estructurado de textos o datos utilizado para entrenar sistemas de IA.

DeepSeek

Modelo de lenguaje técnico optimizado para programación y ciencia, desarrollado por una empresa china y con versiones open source.

Gemini

Modelo de lenguaje de Google DeepMind, conocido por su multimodalidad y su integración con los servicios de Google.

Mistral

Empresa europea y sus modelos de lenguaje, destacados por ser de código abierto, eficientes y especializados.

Modelos Open Source (Código abierto)

Modelos de IA cuyo código y arquitectura son públicos, permitiendo a la comunidad utilizarlos, adaptarlos o mejorarlos (ej: Mistral, Falcon, LLaMA, Bloom).

U. A. 4. Creación de Contenido Visual con IA

Introducción

La IA generativa ha tenido un gran impacto en el ámbito visual, permitiendo la creación automática de imágenes, ilustraciones y diseños a partir de simples descripciones. Esta unidad explora las principales plataformas para la generación de contenido visual con IA, como DALL·E de OpenAI, MidJourney (conocida por su enfoque artístico) y Stable Diffusion (un modelo de código abierto). Analizaremos sus funcionalidades, aplicaciones en diversos sectores (diseño, arte, marketing, medicina) y las limitaciones y desafíos éticos y técnicos asociados a la creación y edición de imágenes con inteligencia artificial.

Objetivos

- Identificar y describir las características principales de los modelos de generación de imágenes DALL·E, MidJourney y Stable Diffusion.
- Comprender las aplicaciones de la IA en la creación de contenido visual en diversos sectores, desde el arte hasta la medicina.
- Analizar las limitaciones y desafíos del uso de la IA en la generación de imágenes, incluyendo la falta de control preciso, los errores y las cuestiones éticas sobre datos y sesgos.
- Describir cómo la IA se utiliza en la edición de fotos y el diseño gráfico, con ejemplos de herramientas como Adobe Firefly.
- Explicar el proceso básico de edición de imágenes con una herramienta de IA como el Relleno generativo de Adobe Firefly.

1. DALL·E: Creación de imágenes con OpenAI

DALL·E es un modelo de inteligencia artificial desarrollado por OpenAI que permite generar imágenes a partir de descripciones en lenguaje natural. Su nombre es una combinación de Dalí (en referencia al artista surrealista Salvador Dalí) y WALL·E (el robot de la película de Pixar), reflejando su enfoque creativo y automatizado. DALL·E es un ejemplo destacado de IA generativa multimodal, es decir, capaz de trabajar a partir de un tipo de información (texto) para generar otro tipo (imagen), y representa un avance significativo en la intersección entre lenguaje y visión artificial.

Anotación

DALL·E representa una intersección entre lenguaje y visión artificial, dos de las ramas más avanzadas de la IA actual.

El modelo funciona tomando como entrada una frase o una instrucción escrita, como por ejemplo "un zorro astronauta caminando sobre Marte al atardecer", y produce una imagen completamente nueva que representa visualmente esa idea. Para lograrlo, DALL·E ha sido entrenado con millones de pares de imágenes y descripciones correspondientes, lo que le permite aprender las relaciones entre los objetos, estilos, colores y contextos que aparecen en el lenguaje humano y su representación visual.

Fig. 1. Dall-E ofrece la posibilidad de transformar imágenes reales en distintos estilos artísticos

Una de las características más llamativas de DALL·E es su capacidad de imaginación visual. A diferencia de motores de búsqueda de imágenes, que muestran fotos ya existentes, DALL·E genera composiciones únicas que no existían previamente, lo que lo convierte en una herramienta poderosa para diseñadores, artistas, publicistas, educadores o cualquier persona que necesite visualizar conceptos rápidamente.

También puede estilizar imágenes con instrucciones específicas, por ejemplo, crear una versión en estilo "pintura al óleo", "cómic", o "arte japonés tradicional".

Truco

Es posible generar una imagen aplicando distintos estilos mediante indicaciones (prompts): "como pintura al óleo", "en estilo de cómic", o "como arte japonés tradicional".

En versiones más recientes, como DALL·E 3, el modelo ha mejorado considerablemente en precisión, nivel de detalle y comprensión de instrucciones complejas. Además, se ha integrado directamente con ChatGPT, lo que permite a los usuarios generar imágenes conversando con la IA, haciendo ajustes sobre la marcha mediante lenguaje natural, sin necesidad de conocimientos técnicos.

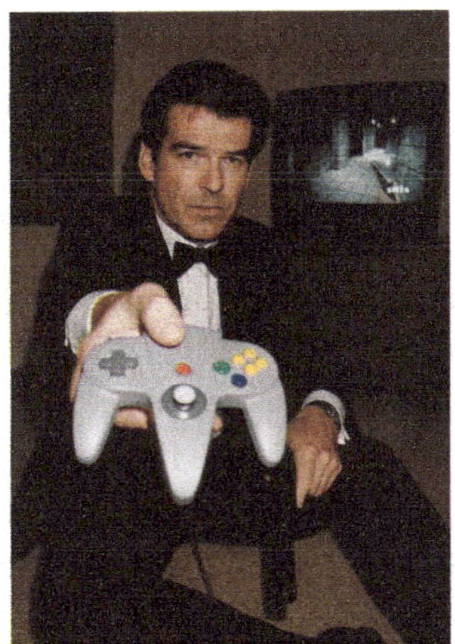

Fig. 2. Varios famosos se han quejado públicamente del uso de su imagen con inteligencia artificial sin su consentimiento

En cuanto a su uso, DALL·E plantea también cuestiones éticas y técnicas. La posibilidad de generar imágenes falsas, realistas o incluso manipuladas abre debates sobre la desinformación visual, los derechos de autor y la atribución creativa. Por ello,

OpenAI ha incorporado filtros de contenido, políticas de uso y marcas digitales invisibles para ayudar a identificar cuándo una imagen ha sido generada por IA.

2. MidJourney: Generación artística avanzada

MidJourney es una de las plataformas más destacadas de inteligencia artificial generativa especializada en arte digital, conocida por su capacidad para crear imágenes con un alto nivel estético, detalle y originalidad a partir de simples descripciones en lenguaje natural. A diferencia de otros modelos como DALL·E, que están orientados a una generación visual generalista, MidJourney se ha consolidado como una herramienta centrada en la creatividad artística, con un estilo visual muy característico y una comunidad de usuarios activa que impulsa constantemente sus posibilidades expresivas.

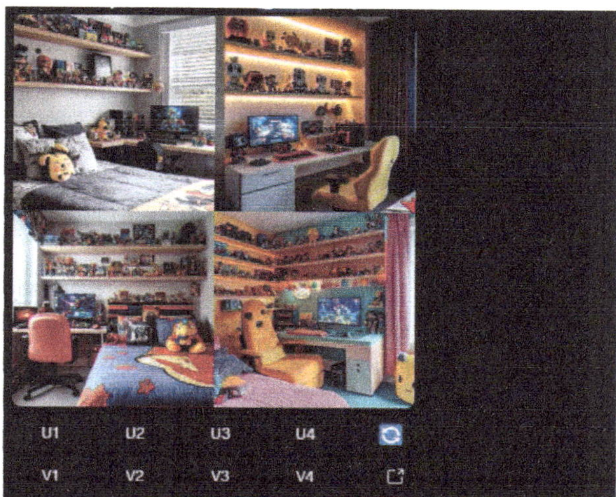

Fig. 3. MidJourney crea 4 versiones de imagen por cada prompt, pudiendo elegir una de ellas e ir variando las versiones de la misma

Desarrollada por el equipo de investigación independiente MidJourney Inc., esta IA se ejecuta principalmente desde Discord, una plataforma de comunicación muy popular en entornos creativos y tecnológicos. Los usuarios interactúan con el modelo escribiendo comandos del tipo /imagine seguidos de una descripción textual de la imagen deseada. A partir de esa entrada, MidJourney genera varias versiones de la imagen, permitiendo al usuario seleccionar, refinar o variar los resultados hasta alcanzar la composición visual ideal.

Una de las principales fortalezas de MidJourney es su capacidad para capturar estilos artísticos complejos, fusionar influencias visuales y producir imágenes que parecen ilustraciones profesionales, obras conceptuales o piezas surrealistas.

Su motor creativo interpreta de forma matizada adjetivos, emociones, estilos artísticos históricos o técnicas específicas, lo que lo convierte en una herramienta poderosa para diseñadores, artistas digitales, escritores visuales, cineastas y creativos de todo tipo.

Fig. 4. El diseño realista de Midjourney es un aspecto a destacar del mismo

Para generar imágenes, el usuario escribe el comando /imagine seguido de una descripción en texto, como:

/imagine una biblioteca flotando en el espacio con luz tenue y estilo steampunk.

MidJourney ha sido utilizado para crear arte conceptual para videojuegos, diseñar portadas de libros, ilustrar poesía, generar escenografías cinematográficas y desarrollar campañas publicitarias visualmente impactantes. Su gran ventaja radica en que permite experimentar con ideas visuales rápidamente, sin necesidad de habilidades técnicas en dibujo, pintura digital o modelado 3D.

Truco

Puedes usar descripciones que incluyan estilos artísticos específicos como "acuarela japonesa", "arte gótico" o "óleo impresionista" para guiar la estética del resultado.

Sin embargo, al igual que otras herramientas de IA generativa, MidJourney plantea cuestiones éticas y legales relevantes. Una de las principales críticas ha sido el uso de imágenes de artistas reales para entrenar el modelo sin consentimiento explícito, lo que ha generado debates sobre derechos de autor, propiedad intelectual y compensación creativa. Además, la capacidad de generar imágenes hiperrealistas o estilizadas puede ser usada de manera malintencionada para crear contenido engañoso, manipulado o inapropiado.

En respuesta a estos desafíos, la plataforma ha implementado políticas de uso, etiquetas y herramientas de moderación para promover un entorno de uso ético y creativo. También ha reforzado su comunidad con foros de discusión, desafíos visuales y galerías colaborativas, convirtiéndose en un punto de encuentro para la exploración artística asistida por inteligencia artificial.

3. Stable Diffusion: Modelos de código abierto para imágenes

Stable Diffusion es uno de los modelos de inteligencia artificial generativa más importantes en el campo de la creación de imágenes, conocido por su naturaleza de código abierto y por ofrecer una gran flexibilidad tanto a desarrolladores como a artistas. A diferencia de plataformas como DALL·E o MidJourney, que operan bajo entornos cerrados o comerciales, Stable Diffusion permite que cualquier persona pueda instalar, modificar y entrenar el modelo localmente, lo que ha impulsado una comunidad global muy activa en la experimentación visual, la personalización y el desarrollo de herramientas basadas en esta tecnología.

Desarrollado originalmente por la empresa Stability AI en colaboración con EleutherAI y LAION, Stable Diffusion se basa en una arquitectura de difusión latente, que funciona transformando ruido aleatorio en imágenes coherentes a través de un proceso inverso de refinamiento progresivo. A partir de una descripción en lenguaje natural, el modelo genera una imagen desde cero, interpretando los conceptos y relaciones contenidas en el texto. Este proceso permite una gran fidelidad entre lo que el usuario escribe y lo que el modelo visualiza, especialmente en tareas de ilustración, diseño de personajes, arte conceptual y generación de estilos artísticos personalizados.

Fig. 5. James Allen ganó un concurso con esta obra creada por IA y no puede reclamar derechos de autor de la misma

Uno de los principales atractivos de Stable Diffusion es su modularidad y personalización. Al ser de código abierto, los usuarios pueden entrenar sus propios modelos (conocidos como fine-tuning o LoRA models), integrar estilos visuales propios, modificar parámetros de generación y crear interfaces visuales adaptadas a distintas necesidades. Además, existen múltiples herramientas de terceros —como AUTOMATIC1111, una interfaz popular para usar Stable Diffusion de manera local— que permiten manipular imágenes, aplicar filtros, generar variaciones o realizar ediciones mediante IA.

Proceso

1. Se introduce una descripción textual.
2. El modelo parte de ruido aleatorio.
3. Mediante un proceso inverso, refina el ruido hasta formar una imagen coherente.

Ejemplo: "un paisaje nevado con luces nórdicas en estilo impresionista".

Este enfoque abierto ha dado lugar a una verdadera democratización del arte generado por IA, permitiendo que miles de personas en todo el mundo exploren la creación visual sin depender de plataformas centralizadas ni de licencias costosas. Artistas, diseñadores, desarrolladores y entusiastas han creado modelos específicos para anime, realismo, fotografía conceptual, pintura clásica y más, ampliando enormemente el ecosistema creativo.

No obstante, esta libertad también implica retos éticos y legales importantes. La facilidad con la que se puede entrenar o ajustar el modelo ha generado preocupación sobre el uso indebido de imágenes protegidas por derechos de autor, la creación de contenido falso o inapropiado, y la falta de control sobre los resultados generados. Por ello, aunque la comunidad promueve el uso responsable, también se han iniciado debates sobre la necesidad de establecer marcos regulatorios claros para el desarrollo y distribución de modelos abiertos.

4. Aplicaciones y limitaciones de la IA en la imagen

La inteligencia artificial aplicada a la generación y análisis de imágenes se ha convertido en una herramienta transformadora en múltiples sectores, gracias a su capacidad para interpretar, generar y modificar contenido visual con una rapidez y precisión sin precedentes. Modelos como DALL·E, MidJourney, Stable Diffusion y otros sistemas de visión artificial han permitido que tanto profesionales como usuarios comunes accedan a nuevas formas de creación, automatización y análisis en el ámbito visual.

Saber más

Modelos como DALL·E, MidJourney, Stable Diffusion y otros sistemas avanzados están facilitando el acceso masivo a herramientas creativas y analíticas que antes eran exclusivas de especialistas. Por ejemplo: crear un cartel publicitario a partir de una simple frase como "una mujer corriendo por la playa al atardecer con estilo futurista".

Las aplicaciones más destacadas abarcan desde el arte y el diseño hasta la medicina y la industria. En el ámbito creativo, la IA se utiliza para generar ilustraciones, diseños gráficos, personajes de videojuegos, moda digital y arte conceptual, a partir de simples descripciones en lenguaje natural. Esto ha reducido considerablemente los tiempos de producción y ha democratizado el acceso a herramientas de creación visual, permitiendo que personas sin formación técnica puedan plasmar ideas complejas de forma visual.

Fig. 6. Adobe Firefly permite borrar partes de la imagen y sustituirlas, como el fondo

En el sector publicitario y del marketing, se emplea para crear campañas visuales personalizadas, generar contenido para redes sociales y producir material gráfico en tiempo real. En educación y comunicación científica, se utiliza para ilustrar conceptos abstractos, visualizar fenómenos naturales o crear recursos visuales adaptados a distintas edades y niveles de comprensión. En el ámbito médico, la IA se aplica al análisis de imágenes radiológicas, detección de enfermedades, generación de imágenes sintéticas para entrenamiento de profesionales y simulación de intervenciones quirúrgicas. También en áreas como la seguridad, la agricultura o la ingeniería, el análisis de imágenes por IA permite monitorear entornos, detectar anomalías y automatizar procesos de inspección.

Sin embargo, junto con estas oportunidades, la inteligencia artificial en el ámbito de la imagen presenta importantes limitaciones y riesgos. Uno de los desafíos más relevantes es el de la veracidad y manipulación visual. La IA puede generar imágenes extremadamente realistas de eventos o personas que nunca existieron, lo que alimenta la creación de deepfakes, desinformación visual y contenidos engañosos difíciles de detectar. Esto plantea una amenaza para la confianza pública en la autenticidad de las imágenes digitales y requiere mecanismos de verificación robustos.

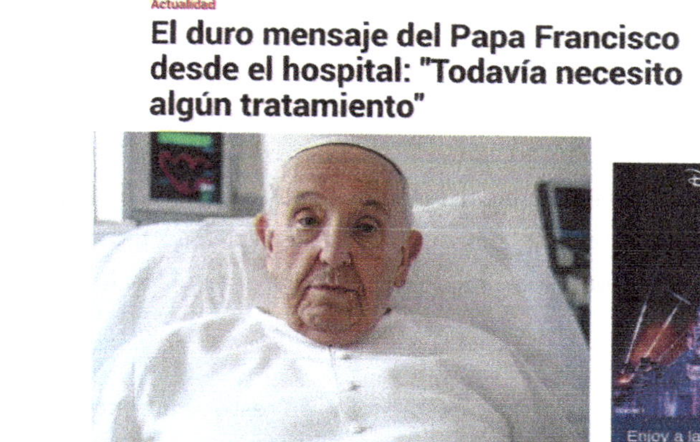

La ilustración de esta noticia fue hecha con IA

Otra limitación es la falta de control creativo completo. Aunque los resultados pueden ser impactantes, muchas veces no se ajustan con precisión a la intención del usuario, especialmente cuando las instrucciones no son específicas o el modelo interpreta subjetivamente conceptos visuales. Además, los modelos pueden cometer errores anatómicos, proporcionales o semánticos, afectando la coherencia interna de las imágenes generadas.

También existen cuestiones éticas y legales relacionadas con el uso de datos protegidos por derechos de autor para entrenar estos modelos. Muchos sistemas de IA visual se han entrenado con imágenes disponibles en la web sin el consentimiento de sus creadores, lo que ha generado un fuerte debate sobre propiedad intelectual, atribución artística y explotación comercial de obras derivadas. A esto se suman preocupaciones por la reproducción de sesgos y estereotipos visuales, ya que los modelos aprenden de datos que reflejan realidades sociales desiguales o discriminatorias.

5. IA en la edición de fotos y diseño gráfico

La inteligencia artificial ha irrumpido con fuerza en el campo de la edición fotográfica y el diseño gráfico, transformando procesos que antes requerían habilidades técnicas complejas en tareas más accesibles, rápidas e intuitivas. Gracias a la IA, hoy es posible retocar imágenes, eliminar objetos, cambiar fondos, modificar colores, generar ilustraciones desde cero o aplicar efectos estilísticos, todo a partir de simples instrucciones en lenguaje natural o a través de interfaces asistidas por algoritmos inteligentes.

Una de las herramientas más destacadas en este contexto es Adobe Firefly, la plataforma de generación creativa basada en IA desarrollada por Adobe, pensada específicamente para profesionales del diseño gráfico, creadores de contenido y artistas visuales. Firefly forma parte de una nueva generación de herramientas integradas en productos como Photoshop, Illustrator o Express, y se distingue por ofrecer un entorno que combina potencia generativa con control creativo profesional.

La imagen de Will Smith comiendo espaguetis, ha sido sustituida por otra cara con Adobe Firefly

Firefly permite, por ejemplo, generar imágenes a partir de texto, añadir o quitar elementos de una fotografía con instrucciones precisas, aplicar estilos visuales sobre textos e imágenes, y crear elementos gráficos únicos que pueden usarse en campañas publicitarias, materiales editoriales o contenido digital. Una de sus funciones más populares es la "Generative Fill" (relleno generativo), que permite modificar partes de una imagen de forma contextual, logrando resultados coherentes con el estilo, la iluminación y la perspectiva de la foto original.

Anotación

A diferencia de modelos abiertos como Stable Diffusion, Firefly se entrena solo con contenido libre de derechos o propiedad de Adobe Stock, permitiendo uso comercial seguro.

A diferencia de otras plataformas más experimentales, Adobe ha enfocado el desarrollo de Firefly en entornos seguros para uso comercial, entrenando sus modelos con contenido libre de derechos o propiedad de Adobe Stock, lo que responde a la creciente preocupación del sector creativo sobre la propiedad intelectual y el uso de datos protegidos en la IA generativa. Esta estrategia le ha permitido posicionarse como una opción confiable y profesional frente a herramientas más abiertas, pero menos reguladas.

Además de Firefly, Adobe ha integrado funciones de IA en toda su suite, como la detección inteligente de objetos, el ajuste automático de iluminación y color, el reconocimiento de rostros y gestos, y la generación de patrones o efectos visuales con un solo clic. Estas funciones permiten a los diseñadores acelerar flujos de trabajo, experimentar con mayor libertad y concentrarse en la parte conceptual y estratégica del diseño.

Sin embargo, aunque la IA facilita muchas tareas, no reemplaza la creatividad humana ni el criterio estético profesional. Las decisiones visuales complejas, la composición original, la identidad gráfica o la narrativa visual siguen siendo elementos que requieren intuición, sensibilidad cultural y conocimiento del lenguaje visual, cualidades propias del diseñador.

La versión web de Firefly nos permite hacer uso de su IA en imágenes para llevar a cabo aspectos como:

- **De texto a imagen:** para generar imágenes desde una descripción en texto.
- **Relleno generativo:** para editar partes específicas de una imagen.
- **Efectos de texto:** para crear texto decorado con IA.

Es necesario estar registrado en la plataforma, y podemos llevar a cabo un total de 10 procesos de forma gratuita por cuenta.

Para ejemplo práctico, usaremos la funcionalidad de Relleno generativo. El Relleno generativo de Adobe Firefly es una herramienta que permite editar imágenes de forma intuitiva utilizando inteligencia artificial. Su funcionamiento se basa en seleccionar una parte de la imagen y describir, con palabras, lo que se desea agregar, modificar o eliminar. A partir de esa instrucción, la IA genera automáticamente nuevas versiones de la imagen con los cambios aplicados de forma realista y coherente con el entorno visual.

Una de las grandes ventajas de esta función es que no se requiere experiencia previa en edición digital. El usuario simplemente marca el área a intervenir, como si estuviera usando una herramienta de selección en Photoshop, y luego escribe una instrucción breve, como, por ejemplo: "agregar un árbol", "cambiar el fondo por una ciudad de noche" o "eliminar persona del fondo". Firefly analiza el contenido, interpreta el comando y genera varias opciones visuales para elegir.

Este sistema permite realizar desde pequeños retoques hasta transformaciones creativas complejas en segundos, todo desde una interfaz amigable y sin necesidad de software adicional. Es especialmente útil para diseñadores, creadores de contenido o cualquier persona que necesite imágenes personalizadas con rapidez y sin conocimientos técnicos avanzados.

En primer lugar, iremos al sitio web https://firefly.adobe.com e iniciaremos sesión con tu cuenta de Adobe (en caso de tenerla). De no ser así, puedes crearla gratis.

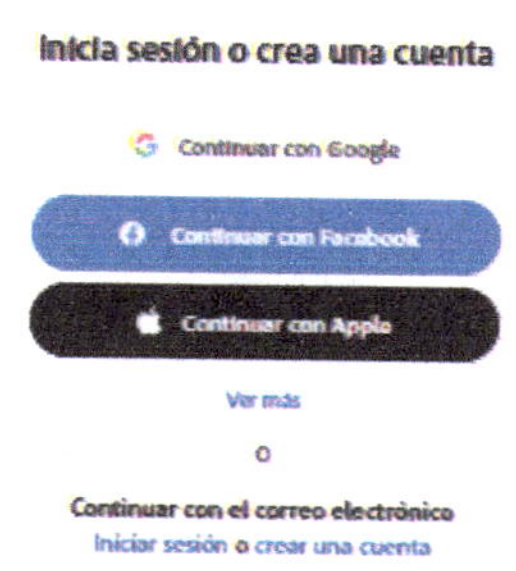

En la página principal, haz clic en el recuadro que dice "Generative Fill" para acceder a la herramienta de edición basada en inteligencia artificial.

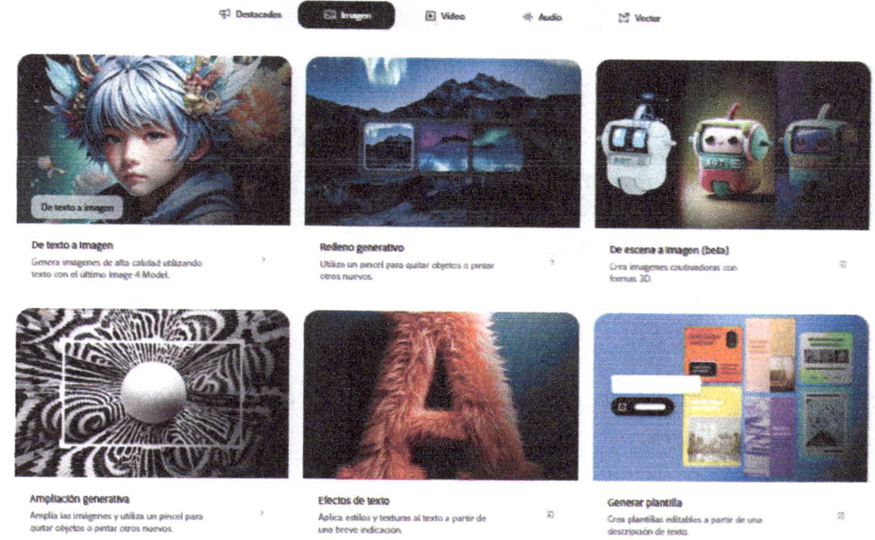

Hacemos clic en "Cargar imagen" y seleccionaremos una imagen de nuestro equipo. Puede ser en formato JPG o PNG.

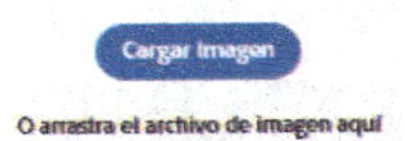

Amplía las imágenes y utiliza un pincel para quitar objetos o pintar otros nuevos

Para empezar, selecciona un recurso de muestra o carga una imagen

Cargar imagen

O arrastra el archivo de imagen aquí

A continuación, usaremos el cursor para dibujar sobre el área de la imagen que deseamos modificar. Es como usar una goma o lazo de selección. En este caso hemos elegido hacer la selección de los ojos de una fotografía, que se mostraban cerrados.

En el cuadro de texto que aparece, escribiremos lo que queremos hacer. Por ejemplo "Cambiar por ojos abiertos".

Tras unos segundos, Firefly generará varias versiones de la imagen editada según la indicación que le hemos facilitado.

Elegimos en la parte inferior la que consideremos más apropiada y pulsaremos el botón "Mantener". Ya podemos descargar nuestra imagen modificada.

Resumen

La IA generativa ha revolucionado la creación de contenido visual. DALL·E (OpenAI) es un modelo multimodal que genera imágenes a partir de descripciones de texto, creando composiciones únicas y permitiendo estilizar imágenes. DALL·E 3 se integra con ChatGPT para una generación conversacional. Plantea cuestiones éticas como la desinformación visual y derechos de autor. MidJourney es una plataforma especializada en arte digital de alto nivel estético, operando principalmente en Discord con comandos como /imagine, destacando por capturar estilos artísticos. Ha sido usada para arte conceptual, diseño gráfico y más, pero enfrenta debates éticos sobre el uso de obras de artistas para entrenamiento sin consentimiento.

Stable Diffusion es un modelo de código abierto basado en difusión latente, ofreciendo gran flexibilidad para instalar, modificar y entrenar modelos localmente. Permite personalización mediante fine-tuning o LoRA models y herramientas como AUTOMATIC1111, democratizando el arte generado por IA. Sus desafíos incluyen el uso indebido de imágenes con derechos y la creación de contenido inapropiado. Las aplicaciones de la IA en imagen son amplias: arte, diseño gráfico, publicidad, marketing, educación, ciencia, medicina (análisis radiológico, imágenes sintéticas), seguridad, agricultura e ingeniería. Las limitaciones incluyen la dificultad para generar detalles específicos o texto preciso, errores anatómicos, falta de control creativo completo, y cuestiones éticas sobre el uso de datos protegidos por derechos de autor y la reproducción de sesgos visuales.

La IA también ha transformado la edición de fotos y diseño gráfico. Adobe Firefly es una plataforma destacada, integrada en la suite de Adobe, que permite generar y editar imágenes desde texto. Funciones como el Relleno generativo permiten modificar partes de una imagen de forma intuitiva y contextual. Adobe entrena sus modelos con contenido seguro para uso comercial. Aunque facilita tareas, la IA no reemplaza la creatividad humana ni el criterio profesional. La edición con Firefly implica subir una imagen, usar el Relleno generativo para seleccionar un área y describir el cambio deseado con texto, generando la IA varias opciones a elegir.

Glosario

Adobe Firefly

Plataforma de IA de Adobe para generación y edición creativa, integrada en sus productos de diseño.

DALL·E

Modelo de OpenAI para generar imágenes a partir de texto, conocido por su creatividad visual.

Difusión latente

Arquitectura de modelos de IA que genera imágenes a partir de ruido, refinándolo progresivamente.

LoRA models (Low-Rank Adaptation)

Técnica para ajustar o "personalizar" modelos de difusión como Stable Diffusion para estilos o sujetos específicos.

MidJourney

Plataforma de IA especializada en la generación de arte digital con un alto nivel estético.

Multimodal

Capacidad de una IA para trabajar con múltiples tipos de datos de entrada y salida (en este caso, texto a imagen).

Relleno generativo (Generative Fill)

Herramienta en Adobe Firefly que permite editar partes de una imagen seleccionando un área y describiendo el cambio deseado con texto.

Stable Diffusion

Modelo de generación de imágenes de código abierto, flexible y personalizable, basado en difusión latente.

U. A. 5. IA Generativa en vídeo y animación

Introducción

El siguiente gran avance en la IA generativa es la creación de video y animación. Esta unidad explora modelos innovadores como Runway y Sora de OpenAI, que están transformando la producción audiovisual. Analizaremos cómo la IA se aplica en la creación de efectos visuales y cinematografía, automatizando tareas y ampliando las posibilidades creativas.

También examinaremos el papel de la IA en la generación de contenido para redes sociales, un formato cada vez más visual y dinámico. A lo largo de la unidad, se discutirán las importantes implicaciones éticas y desafíos que surgen con la capacidad de generar video hiperrealista y contenido masivo.

Objetivos

- Describir las capacidades de modelos de IA generativa para vídeo como Runway y Sora.
- Explicar cómo la IA impacta en la creación de efectos visuales (VFX) y la producción cinematográfica, tanto en automatización como en generación de contenido nuevo.
- Analizar la aplicación de la IA en la generación de contenido para redes sociales, incluyendo texto, imágenes y vídeo.
- Identificar y discutir las implicaciones éticas y desafíos de la IA generativa en video y redes sociales, como los *deepfakes*, la desinformación y la saturación de contenido de baja calidad.

1. Modelos como Runway y Sora de OpenAI

En la evolución de la inteligencia artificial generativa, el paso de la generación de texto e imagen a la creación automatizada de video representa un avance significativo. En este campo emergente destacan dos modelos particularmente innovadores: Runway y Sora, este último desarrollado por OpenAI. Ambos modelos exploran el potencial de la IA para transformar radicalmente la producción audiovisual, acercando herramientas cinematográficas de alta calidad a creadores de todos los niveles.

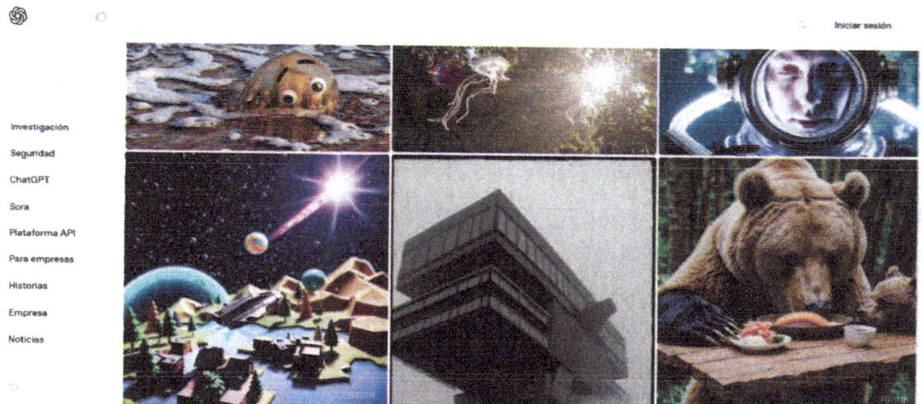

Fig. 1. En Sora hay vídeos de muestra que pueden visualizarse

Runway es una plataforma pionera en IA generativa para video, ampliamente utilizada por profesionales del cine, diseñadores de contenido y creativos digitales. Su motor de video basado en modelos como Gen-1 y Gen-2 permite transformar texto, imágenes o clips de video en secuencias visuales animadas, aplicando estilos, simulando movimientos de cámara o generando escenas completamente nuevas.

Runway se ha popularizado por su accesibilidad, su interfaz intuitiva y su capacidad de producir resultados visuales llamativos con una entrada mínima, lo que ha democratizado el acceso a herramientas audiovisuales avanzadas.

Saber más

Runway ha sido utilizado incluso en festivales de cine independientes y en campañas publicitarias de marcas globales.

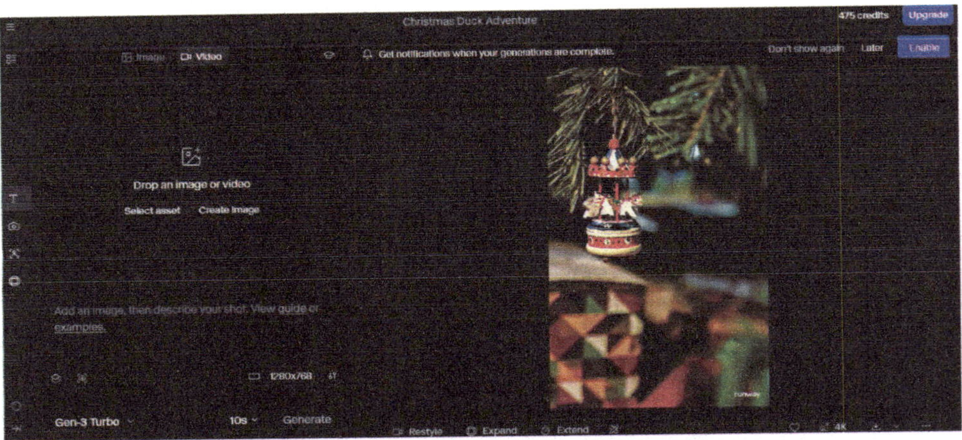

Fig. 2. El interfaz de Runaway nos permite crear un video a través de una imagen estática

Runway también ha sido adoptado en el ámbito profesional, como en la edición de videoclips, publicidad, efectos visuales para cine y contenido de redes sociales. Además, su enfoque abierto y colaborativo ha alimentado una comunidad activa de artistas que exploran continuamente los límites creativos de la IA en movimiento. La herramienta permite, por ejemplo, convertir una imagen estática en una escena dinámica o alterar un video ya existente para darle un estilo visual completamente distinto, como si hubiera sido grabado con otra técnica cinematográfica.

Novedad

Sora, presentada por OpenAI en 2024, representa un avance técnico impresionante al ser capaz de generar videos realistas de alta calidad a partir de descripciones en lenguaje natural.

Sora puede producir clips de varios segundos con movimiento fluido, coherencia visual, profundidad de campo, y transiciones naturales, a partir de instrucciones como: "una persona caminando por una calle nevada al atardecer, con luces reflejándose en el suelo mojado". Esto lo posiciona como una herramienta con un potencial revolucionario para sectores como la publicidad, la educación, el entretenimiento, el diseño de videojuegos y el cine.

Fig. 3. La interfaz de Sora permite crear un escenario realista

Lo más notable de Sora es su nivel de realismo, su capacidad para generar múltiples planos y estilos de cámara, y su comprensión avanzada del espacio tridimensional y las dinámicas físicas en vídeo. Aunque aún no está disponible para el público general, su desarrollo sugiere una nueva generación de modelos capaces de simular el mundo con precisión narrativa y estética, lo que podría reducir los costos de producción audiovisual, permitir prototipos de escenas cinematográficas, o crear mundos enteros desde cero sin necesidad de grabación física.

Anotación

Sora fue presentado en 2024 y aún no está disponible al público general, pero ya ha mostrado resultados sorprendentes.

No obstante, tanto Runway como Sora plantean desafíos éticos y técnicos importantes. La generación de video hiperrealista puede ser utilizada con fines manipulativos (como *deepfakes*), y plantea interrogantes sobre derechos de imagen, atribución creativa y autenticidad del contenido. Además, el uso de datos visuales para entrenar estos modelos ha reabierto el debate sobre propiedad intelectual, privacidad y consentimiento en el entorno digital.

2. Creación de efectos visuales y cinematografía

La inteligencia artificial ha comenzado a transformar de forma profunda el mundo de la cinematografía y los efectos visuales (VFX), brindando nuevas herramientas que agilizan la producción, amplían las posibilidades creativas y reducen significativamente los costos tradicionales de realización audiovisual. Gracias a modelos generativos avanzados como Runway, Sora de OpenAI, Pika o Kaiber, la creación de escenas visuales complejas ya no depende exclusivamente de rodajes físicos ni de software tradicional de edición y postproducción.

Uno de los principales aportes de la IA en este campo es la automatización de tareas técnicas repetitivas, como la rotoscopía (separación de fondo y figura), la restauración de imágenes dañadas, el seguimiento de movimiento (motion tracking) o la eliminación de objetos no deseados de una toma. Estas tareas, que antes requerían muchas horas de trabajo manual, pueden ahora realizarse con precisión en pocos segundos mediante algoritmos entrenados en grandes conjuntos de datos visuales. Esto libera tiempo para que los artistas se concentren en las decisiones creativas más importantes de una producción.

Fig. 4. Varias escenas con Blancanieves se terminaron rotoscopiando desde el metraje grabado con actores

Además, los modelos de IA generativa permiten crear efectos visuales completamente nuevos, sin necesidad de utilizar cámaras o escenografías reales. Por ejemplo, una herramienta como Runway puede transformar una imagen estática en una secuencia animada con profundidad, iluminación y movimiento, o convertir un video real en uno estilizado como animación, pintura o ciencia ficción. A través de texto o imágenes de referencia, los creadores pueden generar escenarios, fondos, personajes y animaciones con un alto nivel de detalle y coherencia visual.

La IA también se está usando para la previsualización de escenas antes del rodaje, generando storyboards dinámicos o simulaciones de planos de cámara. Esto permite ahorrar tiempo en la planificación y experimentar con ángulos, iluminación o narrativa visual antes de grabar. En cine y televisión, estas herramientas ya se han utilizado para acelerar procesos creativos y técnicos en publicidad, videoclips y películas independientes.

Fig. 5. Storyboard generado con IA

Por otro lado, modelos como Sora de OpenAI representan una nueva frontera en la generación directa de videos realistas a partir de texto, lo que podría revolucionar la producción cinematográfica. Este tipo de tecnología ofrece la posibilidad de simular escenas completas —incluyendo personajes, movimiento de cámara, efectos atmosféricos y detalles físicos— sin necesidad de actores o sets reales.

Aunque todavía en fase de desarrollo, este enfoque abre el camino a una cinematografía más accesible, donde las ideas pueden materializarse visualmente con solo describirlas.

Herramienta	¿Qué permite hacer?	Nivel de acceso
Runway	Convertir texto/imagen en animación o estilo	Accesible al público
Sora (OpenAI)	Generar videos realistas desde texto	En desarrollo
Pika	Cambiar estilos, fondos, color, etc.	Abierta
Kaiber	Crear videoclips desde música o imagen	Accesible

Sin embargo, esta revolución trae consigo nuevos desafíos éticos, técnicos y legales. La facilidad para crear efectos realistas plantea preguntas sobre la autenticidad de las imágenes, los derechos de los actores digitales, la suplantación de identidad visual y el control creativo. La IA también genera inquietud sobre la automatización de trabajos técnicos dentro de la industria audiovisual, que podrían verse reemplazados por algoritmos si no se promueve una integración equilibrada entre tecnología y trabajo humano.

3. IA en la generación de contenido para redes sociales

La inteligencia artificial ha adquirido un papel fundamental en la generación de contenido para redes sociales, revolucionando la forma en que marcas, creadores y usuarios producen y difunden información en plataformas digitales. Gracias a modelos generativos de texto, imagen, audio y video, es posible crear publicaciones impactantes, visualmente atractivas y adaptadas a distintos públicos de manera más rápida, eficiente y estratégica que nunca.

GPT y otros modelos permiten redactar:

- Descripciones para Instagram.
- Títulos atractivos para YouTube.
- Hilos virales en Twitter/X.
- Contenido profesional para LinkedIn.
- Publicaciones programadas con tono personalizado.

En el ámbito del texto, herramientas como GPT permiten redactar descripciones, titulares, respuestas automáticas, publicaciones programadas, hilos de Twitter/X, mensajes publicitarios y contenidos informativos ajustados al tono, estilo y objetivos de cada cuenta. La IA puede adaptar el mensaje a diferentes redes sociales (Instagram, TikTok, LinkedIn, Facebook, etc.), optimizar el lenguaje según las tendencias del momento y hasta incorporar estrategias de marketing persuasivo sin necesidad de conocimientos especializados.

Algunas herramientas de IA pueden incorporar técnicas de marketing como el copywriting persuasivo o el storytelling emocional.

En el plano visual, modelos como DALL·E, MidJourney o Adobe Firefly permiten generar imágenes, ilustraciones, diseños y fondos personalizados que se ajustan a la identidad gráfica de cada marca o campaña. Estas imágenes se crean a partir de simples instrucciones en lenguaje natural y pueden combinar estilos artísticos, tendencias estéticas o temáticas virales con gran rapidez. Además, las IA de diseño permiten crear portadas, anuncios, infografías y presentaciones visuales sin depender de programas complejos de edición.

La IA también ha transformado la generación de videos cortos, el formato más dominante en redes sociales actuales. Herramientas como Runway, Pika o Kaiber permiten crear clips animados, modificar contenido existente o transformar texto e imágenes en secuencias de video para *reels*, *shorts* o TikToks. Estas tecnologías facilitan a los creadores producir contenido audiovisual dinámico y creativo, aunque no tengan experiencia en edición o animación

El video es el formato más consumido en redes sociales y la IA permite producirlo a escala sin conocimientos técnicos.

Otro aporte clave de la IA es su capacidad para analizar el comportamiento de las audiencias. Mediante algoritmos de análisis de datos, se pueden prever qué tipo de contenido tendrá más impacto, en qué horarios conviene publicar o cómo adaptar el mensaje según la demografía de los seguidores. Además, los asistentes de IA ayudan a responder comentarios, generar hashtags adecuados y traducir contenido de manera instantánea para audiencias globales.

No obstante, esta automatización también plantea retos importantes. La producción masiva de contenido mediante IA puede generar uniformidad, saturación o pérdida de autenticidad en los mensajes. Existe el riesgo de que los usuarios no distingan entre contenido humano y automatizado, y de que se reduzca el valor del contenido original en favor de publicaciones artificiales, pero visualmente atractivas. Además, el uso irresponsable de la IA puede facilitar la difusión de desinformación, contenido manipulado o spam, afectando la calidad del ecosistema digital.

4. Implicaciones éticas y desafíos

El avance vertiginoso de la inteligencia artificial generativa plantea no solo oportunidades sin precedentes en la creación de contenido, automatización de tareas y personalización de experiencias, sino también importantes implicaciones éticas y desafíos sociales, culturales y legales que no pueden pasarse por alto. A medida que los modelos de IA como GPT, DALL·E, MidJourney, Sora o Runway se integran en múltiples ámbitos de la vida cotidiana, se hace necesario reflexionar sobre los límites, responsabilidades y consecuencias de su uso.

Anotación

La inteligencia artificial generativa ofrece oportunidades sin precedentes, pero también plantea serios desafíos éticos y sociales que deben abordarse con urgencia.

Esto es especialmente grave en sectores como periodismo, salud, educación o política, donde la veracidad es crítica.

Uno de los primeros desafíos éticos es la veracidad del contenido generado. Los modelos generativos, por muy avanzados que sean, no distinguen entre verdad y falsedad: simplemente producen resultados que "parecen correctos" desde el punto de vista lingüístico o visual. Esto da lugar al fenómeno de la alucinación, donde la IA puede inventar hechos, crear imágenes falsas o difundir información errónea con gran nivel de detalle y aparente credibilidad. Este problema se amplifica en contextos como el periodismo, la educación, la salud o la política, donde la veracidad y la confianza son fundamentales.

Fig. 6. Ejemplo de slop (un pavo real bebé en miniatura)

Relacionado con lo anterior, surge la preocupación por el uso malintencionado de estas tecnologías. La manipulación de imágenes, audios o videos mediante IA puede emplearse para crear deepfakes, suplantar identidades o difundir desinformación. En redes sociales y plataformas digitales, esto afecta la integridad de la comunicación pública, pone en riesgo la reputación de personas e instituciones, y puede influir negativamente en procesos democráticos o sociales si no se regula adecuadamente.

Es importante tener en cuenta la proliferación de lo que se ha calificado con el término "slop", una definición que se le está dando al contenido generado por inteligencia artificial que carece de calidad y que está empezando a inundar internet de forma alarmante. Esta producción automatizada incluye textos, imágenes y videos que a menudo resultan incoherentes, repetitivos o carentes de valor informativo. Es un fenómeno similar al "spam", que desde los primeros años de internet llenó todo de mensajes basura que colmaban los correos electrónicos y foros.

Actualmente, el "slop" cumple una función similar al llenar páginas web, redes sociales y resultados de búsqueda con contenido generado sin supervisión humana significativa.

 **Saber más**

Este fenómeno llamado *slop* está siendo utilizado para:

- Monetizar visitas web.
- Manipular resultados de búsqueda.
- Inflar estadísticas en redes sociales.

Grandes volúmenes de este tipo de material están siendo publicados con vistas a monetizar visitas o manipular algoritmos de posicionamiento. Además, sitios están completamente construidos a partir de contenido automatizado, lo que representa una amenaza directa para la calidad del conocimiento disponible en internet. Esta tendencia, de no ser controlada, podría tener efectos a largo plazo, ya que los modelos de inteligencia artificial futuros podrían ser entrenados con datos degradados, lo que daría lugar a una espiral descendente en la calidad del contenido digital.

 **Importante**

Si los modelos futuros se entrenan con estos contenidos degradados, se generará una espiral de baja calidad en la información digital.

Otra cuestión ética crucial es la de la propiedad intelectual y los derechos de autor. Muchos modelos de IA han sido entrenados con grandes volúmenes de contenido —textos, imágenes, música— extraído de internet, muchas veces sin el consentimiento de sus creadores originales. Esto ha generado profundos debates sobre si las obras generadas por IA pueden considerarse derivadas, si deben atribuirse a los autores humanos originales o si debiesen ser tratadas como creaciones sin autoría clara. Este debate afecta tanto a la producción artística como a la industria editorial, musical y audiovisual.

En general, los contenidos generados por IA no están protegidos por derechos de autor, especialmente si la IA crea el contenido de forma autónoma sin intervención humana creativa. Esto se debe a que las leyes de derechos de autor generalmente requieren la creación de una obra por un autor humano. Sin embargo, si un humano interviene en el proceso creativo, por ejemplo, al proporcionar instrucciones o modificar el contenido generado por la IA, ese humano podría reclamar los derechos de autor.

Por norma general, el contenido generado solo por IA no tiene derechos de autor. Pero si hay intervención humana creativa, puede reclamarse la autoría.

Saber más

Este aspecto fue ampliamente discutido en casos como la portada del disco del grupo musical Estopa EstopIA, generado con inteligencia artificial, si entendemos que la portada no tiene derechos de autor, nada impediría que alguien hiciera y comercializara camisetas con dicha imagen sin tener que pagar derechos de autor.

Fig. 7. La imagen de portada del disco, generada con IA, fruto de la polémica

Un caso similar nos encontramos con el supuesto grupo musical Las Nenas, donde desde las canciones a las letras y las voces eran producto de la IA generativa, motivo por el cual fueron retiradas de la plataforma de Spotify donde estaban colgadas sus canciones.

Noticias

En 2024, un grupo que decía estar compuesto por tres personas, resulto ser de canciones hechas con IA. "Polémica con Las Nenas, el grupo creado con inteligencia artificial que ha engañado a la industria de la música". Fuente: La Sexta, 2024.

Además, los modelos de IA pueden reproducir y amplificar sesgos sociales, raciales, de género o culturales, presentes en los datos con los que fueron entrenados. Esto puede generar respuestas o imágenes que refuercen estereotipos, excluyan identidades o perpetúen visiones discriminatorias del mundo. En consecuencia, se vuelve indispensable establecer criterios de transparencia, supervisión y diversidad en los datos utilizados, así como mecanismos de corrección activa de sesgos.

Anotación

Los modelos de IA aprenden de grandes volúmenes de datos, que pueden contener prejuicios históricos.

Un caso conocido es el de IBM y el sistema de reconocimiento facial desarrollado por la compañía en 2018. Investigaciones posteriores demostraron que el sistema mostraba un sesgo racial, especialmente hacia las personas de raza negra.

También hay que considerar el impacto de la IA en el ámbito laboral y educativo. La automatización de tareas creativas y comunicativas puede poner en riesgo empleos tradicionales en redacción, diseño, programación o atención al cliente. Al mismo tiempo, puede fomentar la dependencia tecnológica y reducir el desarrollo del pensamiento crítico si no se acompaña de una educación que enseñe a usar estas herramientas con conciencia y criterio propio.

Frente a estos retos, se hace urgente el diseño de marcos normativos claros, éticos y adaptables, que regulen el uso de la IA sin frenar la innovación. Las empresas desarrolladoras, los gobiernos, las instituciones educativas y la sociedad civil deben participar activamente en la construcción de una inteligencia artificial más justa, segura y al servicio del bien común. Esto implica establecer principios de responsabilidad, consentimiento, explicabilidad y equidad, y fomentar una cultura digital que valore tanto el potencial de la tecnología como los límites necesarios para preservar la dignidad humana.

Resumen

La IA generativa avanza hacia la creación de video. Runway es una plataforma pionera para video con IA, usando modelos como Gen-1 y Gen-2 para transformar texto, imágenes o clips en secuencias animadas. Es accesible y usada en videoclips, publicidad, VFX y redes sociales. Puede convertir imágenes estáticas en dinámicas o alterar estilos de video.

Sora (OpenAI, 2024) es un avance técnico capaz de generar videos realistas de alta calidad a partir de texto, con movimiento fluido, coherencia visual y comprensión del espacio/física. Tiene potencial para publicidad, educación, entretenimiento y cine, pudiendo reducir costos y permitir prototipos rápidos. La IA transforma los VFX y la cinematografía automatizando tareas repetitivas (rotoscopia, restauración, motion tracking) y permitiendo crear efectos visuales nuevos sin rodajes (transformando imágenes/videos). También se usa para previsualización (storyboards dinámicos). Sin embargo, plantean desafíos éticos y técnicos: generación de video hiperrealista para manipulación (*deepfakes*), derechos de imagen, control creativo, y la automatización que puede impactar empleos técnicos.

La IA es fundamental en la generación de contenido para redes sociales, permitiendo crear publicaciones impactantes y adaptadas rápidamente. Herramientas de texto (GPT) generan descripciones/mensajes, herramientas visuales (DALL·E, MidJourney, Firefly) crean imágenes/diseños, y herramientas de video (Runway, Pika, Kaiber, Sora) crean clips cortos.

La IA también analiza audiencias para optimizar publicaciones. Los desafíos en redes incluyen la uniformidad, la saturación, la dificultad para distinguir contenido humano/IA, el riesgo de desinformación y el fenómeno del "slop" (contenido de IA de baja calidad que inunda internet, similar al spam, afectando la calidad de la información y el entrenamiento futuro de la IA).

Otros desafíos generales son la veracidad del contenido (alucinación), el uso malintencionado (deepfakes, suplantación), la propiedad intelectual (contenido usado para entrenar modelos, autoría de obras generadas por IA), la reproducción de sesgos, y el impacto laboral y educativo. Se necesitan marcos normativos, educación y ética para un uso responsable.

Glosario

Deepfake

Contenido (video, audio) generado por IA que falsifica la apariencia o voz de personas reales, usado a menudo con fines maliciosos.

Pika / Kaiber

Otras herramientas mencionadas para la generación de video con IA.

Propiedad intelectual / Derechos de autor

Aspecto legal y ético sobre la titularidad de las obras creativas, complejo en el caso de contenido generado por IA o entrenado con datos protegidos.

Rotoscopía

Técnica de animación que traza sobre metraje grabado; la IA puede automatizarla.

Runway

Plataforma de IA generativa pionera especializada en la creación y transformación de video.

Slop

Término para referirse al contenido (texto, imágenes, videos) generado por IA de baja calidad, incoherente o repetitivo, que inunda internet.

Sora

Modelo de OpenAI capaz de generar videos realistas de alta calidad a partir de descripciones de texto.

VFX (Efectos visuales)

Proceso de creación y manipulación de imágenes para cine, televisión o videojuegos; la IA ayuda a automatizar y generar estos efectos.

U. A. 6. IA en audio y voz

Introducción

La IA generativa ha logrado avances notables no solo en texto e imagen, sino también en la creación de audio y voz. Esta unidad explora la tecnología detrás de la creación de voces sintéticas realistas a partir de texto y la clonación vocal. Analizaremos cómo la IA está impactando la composición musical y la generación de sonidos, y sus aplicaciones en áreas como el doblaje audiovisual y la producción de audiolibros.

A lo largo de la unidad, se discutirán los desafíos éticos y profesionales vinculados a la suplantación de identidad vocal, los derechos de autor en música generada por IA y el impacto laboral.

Objetivos

- Explicar cómo funciona la creación de voces sintéticas (*text-to-speech*) y la clonación vocal utilizando modelos de IA.
- Identificar las principales aplicaciones de las voces sintéticas en medios, educación, asistencia virtual, etc.
- Describir el papel de la IA en la composición musical y la generación de sonidos, mencionando herramientas y sus funcionalidades.
- Analizar cómo la IA se aplica en el doblaje audiovisual y la producción de audiolibros, destacando sus ventajas en eficiencia y accesibilidad.
- Evaluar los desafíos éticos y profesionales en el uso de la IA en audio y voz, incluyendo la suplantación, los derechos de autor en música y el impacto en empleos.
- Reconocer el riesgo de los *deepfakes* de audio y las medidas para combatirlos.

1. Creación de voces sintéticas con IA

La creación de voces sintéticas mediante inteligencia artificial es uno de los avances más impresionantes en el campo del procesamiento del lenguaje natural y la síntesis de audio. Gracias a modelos entrenados en grandes volúmenes de datos de voz humana, hoy es posible generar discursos, narraciones, diálogos o locuciones de forma realista y personalizada, con una entonación, ritmo y expresividad sorprendentemente cercanos a los de una persona real.

La tecnología de voces sintéticas ha avanzado enormemente en el procesamiento del lenguaje natural y la síntesis de audio, lo que ha permitido crear discursos y narraciones realistas y personalizadas con sorprendente expresividad humana.

Esta tecnología se basa en modelos de tipo text-to-speech (TTS), que convierten texto escrito en audio hablado. A diferencia de las antiguas voces robóticas o artificiales, los modelos actuales, como Tacotron 2, VALL-E, ElevenLabs o Amazon Polly, emplean redes neuronales profundas que aprenden a imitar no solo los sonidos de las palabras, sino también las sutilezas del habla humana: pausas naturales, inflexiones emocionales, acentos y matices contextuales. Algunos modelos permiten incluso clonar una voz específica a partir de unos pocos minutos de grabación, lo que abre nuevas posibilidades creativas y funcionales.

Las aplicaciones de las voces sintéticas son amplias y diversas. En el ámbito de los medios y el entretenimiento, se utilizan para narraciones automatizadas, doblaje de películas, creación de personajes virtuales y producción de podcasts sin necesidad de locutores humanos. En el sector educativo, estas voces permiten generar audiolibros, materiales accesibles para personas con discapacidad visual o dificultades de lectura, y contenidos personalizados en múltiples idiomas y estilos. También son ampliamente utilizadas en asistentes virtuales, chatbots, sistemas de navegación GPS, centros de atención telefónica y dispositivos inteligentes, donde la interacción por voz mejora la experiencia del usuario.

Fig. 1. La voz de Google Maps no está hecha con IA, pertenece a una actriz de doblaje, cantante y locutora de voz

Los modelos actuales pueden clonar voces específicas con solo unos pocos minutos de grabación. Esto abre nuevas posibilidades para personalizar audios y narraciones a un nivel muy detallado.

Sin embargo, este desarrollo también plantea importantes retos éticos y técnicos. Uno de los principales riesgos es el de la suplantación de identidad vocal, ya que la clonación de voces reales puede ser utilizada para crear audios falsificados que engañen a oyentes, imiten a figuras públicas o vulneren la privacidad de individuos. Esto ha dado lugar a debates sobre el consentimiento y los derechos sobre la voz, que aún no están suficientemente regulados en muchos países.

Sugerencia

Si estás trabajando con voces sintéticas, asegúrate de indicar claramente si el contenido ha sido generado por IA, ya que la transparencia ayudará a prevenir malentendidos y problemas éticos.

Además, la distribución de contenido generado por voces sintéticas sin una clara indicación de su origen artificial puede generar confusión y desinformación. Por ello, muchas plataformas han comenzado a implementar etiquetas, marcas acústicas invisibles o sistemas de verificación para distinguir las voces humanas de las generadas por IA. Otro aspecto para tener en cuenta es el impacto en el empleo, especialmente en sectores como la locución, el doblaje o la asistencia telefónica, donde la automatización puede desplazar profesionales si no se acompaña de estrategias de transición y reconversión laboral.

Novedad

Las plataformas están comenzando a implementar sistemas para verificar y etiquetar contenido generado por IA. Esto ayudará a distinguir entre voces humanas y sintéticas, evitando la confusión y la desinformación.

2. IA en la composición musical y generación de sonidos

La inteligencia artificial ha comenzado a desempeñar un papel cada vez más destacado en el campo de la composición musical y la generación de sonidos, transformando no solo la forma en que se produce música, sino también los roles creativos de compositores, productores y artistas. Gracias al desarrollo de modelos generativos capaces de entender estructuras musicales, estilos, armonías y patrones rítmicos, hoy es posible crear piezas musicales originales, simular instrumentos, generar paisajes sonoros e incluso acompañar visualmente entornos multimedia con música adaptativa.

Entre las herramientas más conocidas en este campo se encuentran plataformas como AIVA (Artificial Intelligence Virtual Artist), Amper Music, Soundraw, Ecrett Music, Jukebox de OpenAI o Google MusicLM. Estos sistemas permiten a los usuarios componer canciones completas a partir de indicaciones básicas como el género, el estado de ánimo, el tempo o los instrumentos deseados. Algunos modelos, como MusicLM, incluso pueden generar música a partir de descripciones en lenguaje natural, del tipo: "melodía melancólica con piano suave y cuerdas atmosféricas, ideal para una escena de despedida".

Saber más

Los modelos generativos que impulsan la IA musical comprenden estructuras musicales, armonías, ritmos y estilos, permitiendo a los usuarios crear música a partir de simples indicaciones como el género, el tempo o el estado de ánimo. Ejemplos de plataformas que utilizan esta tecnología son AIVA, Amper Music y MusicLM.

La IA musical no solo compone, sino que también interpreta. Gracias a la síntesis de sonido avanzada y al modelado de instrumentos virtuales, estas tecnologías pueden emular con gran realismo timbres de piano, cuerdas, guitarras eléctricas o sintetizadores, sin necesidad de grabaciones reales. También se emplean para la producción de efectos sonoros en videojuegos, películas, entornos virtuales y experiencias inmersivas, generando sonidos reactivos y dinámicos que se adaptan en tiempo real a las acciones del usuario.

Ejemplo

Plataformas como AIVA permiten componer canciones completas a partir de descripciones como "melodía melancólica con piano suave y cuerdas atmosféricas". La IA genera la composición adaptada a las indicaciones dadas.

Si buscas generar música para un proyecto, plataformas como Soundraw o Ecrett Music permiten crear música adaptada a las necesidades del usuario, como por ejemplo para vídeos, juegos o podcasts, sin necesidad de ser un experto en teoría musical.

En el entorno profesional, estas herramientas se utilizan para crear maquetas rápidas, acompañamientos musicales para contenido audiovisual, música de fondo para redes sociales, jingles publicitarios, y piezas para videojuegos o experiencias interactivas. En el ámbito educativo, la IA permite a estudiantes explorar la teoría musical de manera experimental, componiendo y escuchando en tiempo real cómo funcionan las escalas, acordes, progresiones armónicas o cambios de tonalidad.

Sin embargo, como ocurre en otras áreas de la IA generativa, el uso de inteligencia artificial en la música plantea desafíos éticos, legales y creativos. Uno de los principales debates gira en torno a la autoría y derechos de las obras generadas por

IA. ¿Quién es el verdadero autor de una pieza compuesta por un algoritmo? ¿El modelo? ¿El usuario que dio las instrucciones? ¿La empresa que lo desarrolló? Estas preguntas aún no tienen respuestas claras dentro del marco legal internacional, lo que complica la distribución y monetización del contenido musical generado artificialmente.

Además, existe el riesgo de homogeneización del estilo musical, ya que muchos modelos tienden a replicar patrones existentes y dominantes, lo que puede limitar la diversidad creativa y la innovación. También se teme que el uso extensivo de estas tecnologías pueda afectar la industria musical independiente, reduciendo oportunidades para compositores y músicos humanos, especialmente en trabajos de encargo, música de stock o producción comercial.

3. Aplicaciones en doblaje y audiolibros

La inteligencia artificial ha comenzado a revolucionar de manera significativa dos áreas clave de la producción de contenido sonoro: el doblaje audiovisual y la narración de audiolibros. Gracias a los avances en síntesis de voz, clonación vocal y modelos text-to-speech (TTS), hoy es posible generar voces naturales, expresivas y adaptadas al contexto narrativo sin necesidad de grabaciones humanas tradicionales. Esta transformación está redefiniendo los flujos de trabajo en la industria editorial, el cine, la televisión, la educación y el entretenimiento digital.

En el campo del doblaje, la IA permite recrear la voz de un actor en diferentes idiomas manteniendo su timbre, ritmo y estilo de interpretación. Esto se logra mediante técnicas de traducción automática sincronizada con voz sintética personalizada, lo que permite conservar la identidad vocal del personaje incluso en otros idiomas, mejorando la inmersión para la audiencia. Algunas plataformas como Respeecher, Papercup o Deepdub ya ofrecen servicios de doblaje multilingüe por IA, que han sido utilizados en películas, documentales y videojuegos, especialmente en producciones de bajo presupuesto o con necesidades de localización rápida.

La ventaja principal de estas tecnologías es la eficiencia: reducen el tiempo y el coste asociados a la contratación de actores de doblaje para cada idioma o versión. También permiten realizar ajustes sobre la marcha, modificar líneas de diálogo o mejorar sincronizaciones sin tener que volver al estudio de grabación. Además, la IA puede ser utilizada para revivir voces históricas o recrear interpretaciones de personajes fallecidos, lo cual abre nuevas posibilidades —y también controversias— en la producción cinematográfica y documental.

En el caso de los audiolibros, la inteligencia artificial ha facilitado la producción de narraciones de alta calidad con voces sintéticas realistas, capaces de adaptarse a diferentes géneros literarios, tonos emocionales y estilos narrativos. Herramientas como Google Cloud Text-to-Speech, Amazon Polly, ElevenLabs, Murf o Speechki permiten convertir textos completos en audio en múltiples idiomas y acentos, eligiendo entre voces masculinas, femeninas, neutras o incluso con rasgos de edad específicos. Esto ha permitido a editoriales, autores independientes y plataformas educativas producir contenido auditivo accesible sin depender de locutores profesionales.

Además de su eficiencia, las voces generadas por IA ofrecen una gran escalabilidad, permitiendo la creación de catálogos enteros de audiolibros en poco tiempo, la narración dinámica de textos personalizados y la integración de narraciones en aplicaciones interactivas o asistentes virtuales. Esto ha tenido un impacto positivo en la accesibilidad, facilitando el acceso a contenidos escritos para personas con discapacidad visual, dificultades de lectura o usuarios que prefieren consumir libros de forma auditiva.

No obstante, tanto en el doblaje como en los audiolibros, la IA plantea desafíos éticos y profesionales importantes. La clonación vocal, especialmente cuando imita voces humanas reales, debe contar con consentimiento explícito, ya que puede ser usada de forma fraudulenta o violar derechos de imagen y voz. También existe preocupación en la industria por el posible desplazamiento de profesionales del doblaje y la locución, lo que hace necesario establecer marcos de regulación y convivencia entre tecnología y talento humano.

4. IA y los desafíos del *deepfake* en audio

El avance de la inteligencia artificial en el ámbito del procesamiento de audio ha abierto nuevas posibilidades en la creación de contenido sonoro, pero también ha dado lugar a uno de los desafíos más preocupantes de la era digital: el fenómeno del deepfake en audio. Este tipo de tecnología permite imitar con gran realismo la voz de cualquier persona, utilizando solo unos minutos de grabación como muestra, y generar discursos, mensajes o declaraciones que nunca fueron pronunciadas por el sujeto real. Esta capacidad plantea riesgos éticos, legales y de seguridad con implicaciones profundas en la vida pública, la política, la privacidad y la confianza en los medios.

La inteligencia artificial está transformando el doblaje audiovisual y la narración de audiolibros mediante tecnologías avanzadas de síntesis de voz y modelos *text-to-speech* (TTS), permitiendo crear voces realistas y adaptadas al contexto sin la necesidad de grabaciones humanas tradicionales.

Los *deepfakes* de audio se desarrollan mediante modelos de síntesis y clonación de voz, basados en redes neuronales profundas. Plataformas como VALL-E de Microsoft, ElevenLabs, Respeecher o Descript han demostrado que es posible replicar no solo el timbre vocal de una persona, sino también su entonación, pausas naturales y estilo comunicativo, incluso en diferentes idiomas. Aunque estas herramientas tienen aplicaciones legítimas en el doblaje, la accesibilidad o la preservación de voces, también pueden ser utilizadas con fines maliciosos.

Si estás produciendo contenido en varios idiomas, la IA puede generar doblajes de alta calidad sin la necesidad de contratar actores de voz para cada idioma, lo que facilita la expansión a mercados globales de forma más eficiente.

Uno de los mayores peligros asociados a los *deepfakes* de voz es su uso para la suplantación de identidad. Casos ya documentados incluyen llamadas falsas a familiares para solicitar dinero en nombre de una persona conocida, fraudes bancarios donde una voz falsa autoriza operaciones financieras, o audios que simulan declaraciones de figuras públicas con el objetivo de manipular la opinión pública.

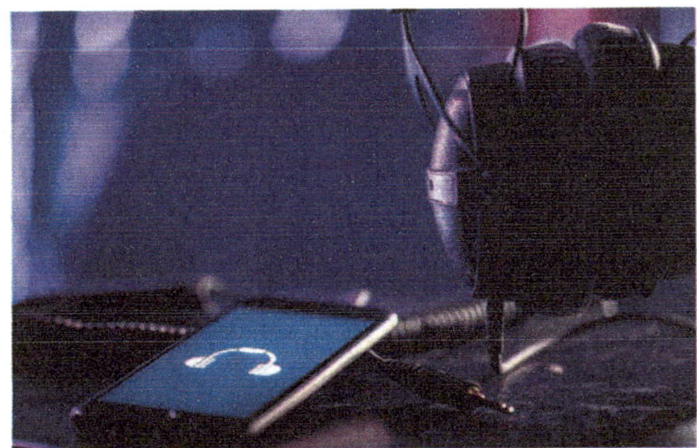

Fig. 2. A diferencia del video, los deepfakes de audio son más difíciles de detectar, lo que aumenta su peligrosidad en entornos digitales rápidos y de alta circulación

Además, los audios manipulados pueden ser utilizados para crear pruebas falsas en procesos judiciales, grabaciones engañosas en contextos laborales o políticos, o escándalos diseñados para desacreditar a individuos e instituciones. En este contexto, la falta de una regulación clara y la disponibilidad pública de modelos potentes de clonación vocal aumentan la urgencia de establecer límites éticos, protocolos de autenticación y herramientas de detección fiables.

Desde un punto de vista técnico, ya se están desarrollando soluciones para combatir este fenómeno, como los marcadores digitales (watermarks) acústicos, las firmas vocales verificables o los sistemas de análisis forense de audio basados en IA que detectan patrones anómalos en el sonido. Sin embargo, estas soluciones aún no están ampliamente adoptadas ni estandarizadas, lo que deja a muchos usuarios y entidades vulnerables ante los usos indebidos de esta tecnología.

Sugerencia

Si deseas integrar doblaje por IA o audiolibros generados por IA en tus proyectos, asegúrate de que el contenido tenga consentimiento explícito para evitar posibles conflictos sobre derechos de imagen y voz, especialmente cuando se clonan voces reales.

El desafío también es cultural y educativo: es fundamental aumentar la alfabetización digital de la población para que pueda identificar contenidos potencialmente falsos y no caiga en engaños sonoros. La formación de periodistas, docentes, autoridades y ciudadanos en general sobre el uso de *deepfakes* en audio será clave para frenar su impacto nocivo en la sociedad.

U. A. 6. IA en audio y voz

Resumen

La IA permite crear voces sintéticas realistas mediante modelos text-to-speech (TTS), que convierten texto en audio hablado con entonación y expresividad humana. Modelos como Tacotron 2, VALL-E, ElevenLabs o Amazon Polly usan redes neuronales profundas; algunos permiten la clonación vocal a partir de grabaciones. Las aplicaciones incluyen narraciones, doblaje, personajes virtuales, podcasts, audiolibros (accesibilidad), asistentes virtuales y sistemas conversacionales. Los riesgos son la suplantación de identidad vocal (clonación para engañar o imitar figuras públicas/individuos), problemas de consentimiento y derechos sobre la voz. La IA en música genera composiciones y sonidos.

Herramientas como AIVA, Amper Music, Soundraw, MusicLM permiten componer música a partir de indicaciones o texto. Se usan en producción audiovisual, maquetas, música de fondo y educación musical. Los desafíos incluyen la autoría y derechos de autor de la música generada por IA (marco legal incierto), la posible homogeneización del estilo y el impacto en la industria musical humana. En doblaje y audiolibros, la IA revoluciona la producción.

En doblaje, permite recrear voces en otros idiomas manteniendo timbre y estilo (plataformas como Respeecher, Papercup, Deepdub). La ventaja es la eficiencia, reducción de costos y ajustes fáciles, aunque plantea controversias (revivir voces). En audiolibros, TTS con voces sintéticas realistas facilita la producción a gran escala y la accesibilidad (herramientas como Google Cloud TTS, Amazon Polly, ElevenLabs, Murf).

Los desafíos en ambos campos son éticos y profesionales: la clonación vocal requiere consentimiento, y existe preocupación por el desplazamiento de profesionales (dobladores, locutores). Los deepfakes de audio (audios manipulados con clonación vocal) son un riesgo creciente para fraudes o desinformación. Se desarrollan soluciones técnicas (watermarks, firmas vocales, análisis forense), pero la alfabetización digital es clave para identificarlos.

Glosario

Alfabetización digital

Habilidad para comprender y evaluar la información digital, crucial para identificar contenidos falsos generados por IA.

Clonación vocal

Proceso mediante IA que permite replicar el timbre, entonación y estilo de la voz de una persona a partir de grabaciones.

Deepfakes de audio

Audios falsificados o manipulados mediante IA que imitan la voz de una persona real con gran realismo.

ElevenLabs

Una de las plataformas mencionadas para la creación de voces sintéticas y clonación vocal.

MusicLM

Modelo de Google que puede generar música a partir de descripciones en lenguaje natural.

Respeecher / Deepdub

Plataformas de IA mencionadas para servicios de doblaje multilingüe con voces sintéticas/clonadas.

Text-to-speech (TTS)

Tecnología de IA que convierte texto escrito en audio hablado.

Watermarks (Marcadores digitales acústicos)

Posibles soluciones técnicas para identificar audios generados por IA.

U. A. 7. Ingeniería de prompts

Introducción

Para interactuar eficazmente con los modelos de IA generativa y obtener los resultados deseados, es fundamental dominar la disciplina de la Ingeniería de Prompts.

Esta unidad define qué es la ingeniería de prompts y por qué es una habilidad clave en el uso de la IA. Exploraremos diversas técnicas para optimizar los resultados en la generación de contenido, desde la formulación de instrucciones claras hasta el uso de estrategias estructuradas como el proceso CETO.

Analizaremos las diferencias en la formulación de prompts según se trate de texto, imágenes o audio, y presentaremos algunas herramientas avanzadas que facilitan la generación efectiva de contenido multimodal.

Objetivos

- Definir qué es la ingeniería de prompts y su importancia para interactuar con la IA generativa.
- Aplicar técnicas para optimizar la formulación de prompts, como la claridad, la especificidad, el chain-of-thought prompting o el proceso CETO.
- Diferenciar cómo se formulan los prompts para generar texto, imágenes y audio/música, considerando las particularidades de cada modalidad.
- Identificar herramientas avanzadas que facilitan la generación efectiva de contenido en distintos formatos (texto, imagen, video, audio, código), incluyendo herramientas multimodales.
- Analizar ejemplos prácticos de prompts efectivos para modelos de texto como ChatGPT.

1. ¿Qué es la ingeniería de prompts?

La ingeniería de prompts (o prompt engineering, en inglés) es una nueva disciplina emergente dentro del campo de la inteligencia artificial generativa que se enfoca en diseñar y optimizar las instrucciones o entradas textuales (prompts) que se le dan a un modelo de lenguaje o de generación de contenido para obtener resultados más precisos, útiles o creativos. En esencia, se trata de aprender a comunicarse con una IA de forma estratégica, comprendiendo cómo interpreta el lenguaje y cómo responde a distintas formulaciones de una solicitud.

Para lograr un mejor rendimiento en tareas complejas, como la generación de contenido visual o creativo, intenta ser específico y detallado en tus solicitudes, indicando no solo lo que deseas, sino también el contexto y estilo.

En sus primeras etapas, la ingeniería de prompts era solo una cuestión de escribir instrucciones simples. Sin embargo, a medida que los modelos de IA se han vuelto más complejos, las técnicas de optimización y diseño avanzado de prompts se han convertido en una habilidad especializada para maximizar el potencial de las herramientas de IA.

Si se pide a la IA que explique la fotosíntesis, un prompt simple podría ser: "¿Qué es la fotosíntesis?". Sin embargo, si se desea una respuesta más detallada, un prompt complejo podría ser: "Escribe un ensayo de 300 palabras sobre la fotosíntesis, dirigido a estudiantes de secundaria, incluyendo una introducción, desarrollo y conclusión".

La ingeniería de prompts se ha convertido en una habilidad clave para interactuar eficazmente con modelos como GPT, Claude, Gemini o herramientas visuales como DALL·E, MidJourney o Stable Diffusion. Por ejemplo, al generar imágenes, un prompt bien diseñado puede incluir detalles sobre el estilo, la iluminación, la composición o la ambientación para lograr un resultado visual más alineado con la intención del usuario.

Anotación

Cuando se formula un prompt a una IA, la manera en que se estructura influye directamente en la calidad y la relevancia de la respuesta. Un prompt claro y bien diseñado genera resultados más precisos y alineados con la intención del usuario.

Existen distintas técnicas dentro de la ingeniería de prompts, como:

- **Prompt explícito:** indicar claramente lo que se desea, paso a paso.
- **Few-shot prompting:** mostrar ejemplos dentro del prompt para guiar al modelo.
- **Chain-of-thought prompting:** inducir al modelo a razonar paso a paso antes de dar una respuesta.
- **Role prompting:** pedirle al modelo que actúe como una figura específica ("Actúa como un profesor de historia").
- **Multimodal prompting:** en modelos que combinan texto con imagen, se diseñan instrucciones que coordinan ambos tipos de entrada.

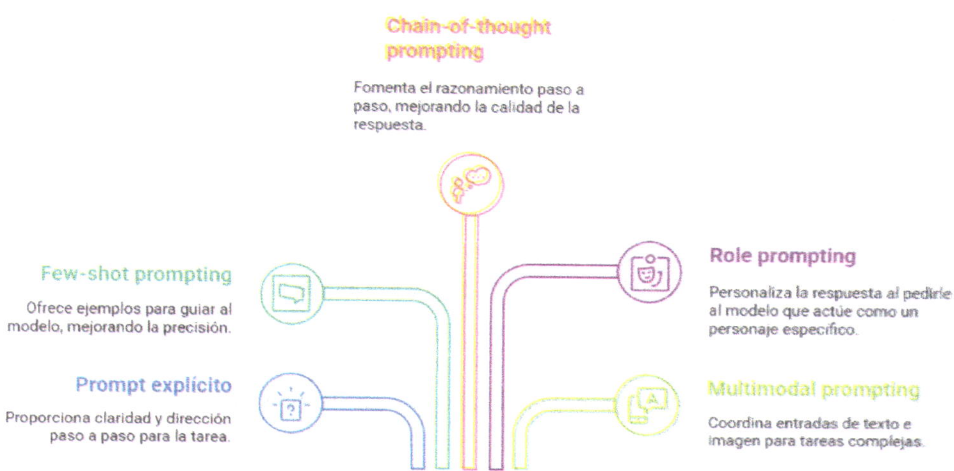

Fig. 1. Técnicas de la ingeniería de prompts

 **Saber más**

Un prompt explícito, que indique claramente lo que se desea, puede ser útil para obtener respuestas más directas y precisas. Sin embargo, cuando se busca creatividad o un resultado más matizado, técnicas como el few-shot prompting o el chain-of-thought prompting pueden mejorar la calidad de la respuesta.

El objetivo de esta ingeniería no es solo obtener mejores resultados, sino también hacer un uso más eficiente, responsable y controlado de la inteligencia artificial, especialmente cuando se utiliza en tareas sensibles o creativas. En contextos profesionales, dominar esta habilidad puede marcar la diferencia en productividad, innovación y calidad de los resultados generados.

El uso de IA generativa debe hacerse con responsabilidad, especialmente en tareas sensibles o creativas. Establecer marcos éticos y regulatorios para garantizar que la **IA** se utilice de manera apropiada es esencial, especialmente en industrias que requieren creatividad protegida por derechos de autor.

2. Técnicas para optimizar resultados en IA generativa

A medida que la inteligencia artificial generativa se integra en más procesos creativos, profesionales y educativos, se vuelve fundamental conocer las técnicas que permiten optimizar sus resultados.

Ya sea en la generación de texto, imágenes, audio, video o código, una interacción estratégica con el modelo puede marcar la diferencia entre una respuesta genérica y un resultado ajustado, útil o innovador. La clave para esta optimización está en el dominio de lo que se conoce como ingeniería de prompts y otras técnicas complementarias que mejoran la interacción con los sistemas de IA.

Una de las técnicas más básicas y efectivas es el prompt claro y específico. Formular la solicitud de manera precisa, utilizando lenguaje directo, estructurado y bien delimitado, ayuda al modelo a interpretar correctamente lo que se espera. En lugar de pedir "Hazme una imagen de un perro", un prompt optimizado sería: "Genera una imagen realista de un perro golden retriever corriendo por la playa al atardecer, con el mar de fondo y luz cálida". Cuantos más detalles se ofrezcan sobre estilo, contexto o propósito, más alineado será el resultado.

El uso adecuado de la ingeniería de prompts es esencial para obtener resultados optimizados y específicos, ya que las interacciones precisas con los modelos de IA pueden marcar la diferencia entre un resultado general y uno altamente personalizado y útil.

El proceso CETO es una estrategia estructurada para construir prompts efectivos. Es un acrónimo que resume los cuatro elementos fundamentales que debe contener un buen prompt:

- C – Contexto: Proporciona información de fondo o situación para que la IA entienda de qué se trata. Ejemplo: "Soy profesor de historia".

- E – Especificidad: Detalla exactamente qué se espera de la IA. Ejemplo: "Necesito un resumen de la Revolución Francesa".

- T – Tono: Define el estilo o registro del lenguaje que se desea (formal, informal, técnico, amigable, etc.).

- O – Output (Salida): Indica el formato en que se quiere la respuesta (lista, tabla, párrafo, esquema, etc.).

Si necesitas generar una imagen artística, un prompt como "Dibuja un paisaje" podría resultar en una creación genérica. Sin embargo, al especificar detalles adicionales como "Crea un paisaje surrealista con montañas flotantes y un cielo estrellado, con iluminación suave y colores vibrantes", el modelo puede generar una imagen mucho más alineada con lo que esperas.

Este modelo permite construir prompts más eficaces y personalizados, facilitando que la IA comprenda mejor la intención del usuario y genere respuestas alineadas con sus necesidades. El proceso CETO es ampliamente utilizado en entornos educativos, profesionales y de creación de contenidos para sacar el máximo provecho a herramientas basadas en inteligencia artificial.

En modelos más avanzados, se utiliza el "chain-of-thought prompting" o razonamiento en cadena. Esta técnica consiste en pedir al modelo que explique su proceso paso a paso antes de llegar a una conclusión. Por ejemplo: "Resuelve el problema matemático explicando tu razonamiento paso a paso". Este método mejora la precisión en tareas complejas, como cálculos, análisis lógicos o decisiones estructuradas.

Cuando nos referimos por ejemplo a la generación de la imagen, la composición detallada del prompt es clave. Especificar aspectos como el estilo artístico, la perspectiva, el tipo de iluminación, el nivel de detalle o el entorno puede ayudar a herramientas como DALL·E, MidJourney o Stable Diffusion a generar imágenes más precisas y controladas. También se pueden usar etiquetas, comandos o negativos para excluir ciertos elementos del resultado final.

Además de los prompts, otra técnica importante es la iteración: probar variaciones de la misma solicitud, comparar resultados, refinar el enfoque y ajustar detalles. La interacción con IA generativa es un proceso dinámico que mejora con prueba y error, aprendizaje continuo y observación crítica de lo que funciona y lo que no.

 **Anotación**

La iteración es clave. Probar diferentes versiones del mismo prompt y ajustar detalles según los resultados obtenidos permite perfeccionar la interacción con la IA generativa. A medida que se obtiene retroalimentación de la IA, el proceso se vuelve cada vez más eficiente y ajustado.

No existe como podemos ver una formula única, sino que podremos encontrarnos que según la necesidad que tengamos tendremos que hacer múltiples preguntas consecutivas.

3. Diferencias entre prompts en texto, imágenes y audio

La ingeniería de prompts es una habilidad esencial en el uso de inteligencia artificial generativa, pero su aplicación varía significativamente según el tipo de contenido que se desea generar. Aunque en todos los casos se parte de una entrada en lenguaje natural, la manera en que se formula un prompt para generar texto, imágenes o audio responde a lógicas distintas, propias de cada tipo de modelo y medio expresivo.

En primer lugar, los prompts para modelos de texto —como GPT, Claude o Gemini— se centran en la claridad semántica y estructural. El objetivo es guiar al modelo para producir textos coherentes, útiles y adecuados al estilo o formato deseado. Aquí, el lenguaje debe ser explícito, informativo y ordenado, especificando el tipo de tarea (escribir, resumir, traducir), el tono (formal, creativo, técnico), el público objetivo (niños, profesionales, estudiantes) y, cuando sea necesario, ejemplos concretos. La IA responde de forma secuencial, generando palabra por palabra con base en el contexto dado.

En cambio, los prompts para modelos de generación de imágenes —como DALL·E, MidJourney o Stable Diffusion— deben traducir ideas visuales en instrucciones comprensibles para el modelo. En este caso, el prompt debe ser descriptivo, visualmente detallado y estilísticamente claro. Se especifican elementos como personajes, objetos, fondos, perspectivas, iluminación, colores, ambientación, época o estilo artístico. A diferencia del texto, aquí no importa tanto la sintaxis completa del lenguaje, sino las palabras clave y etiquetas visuales que activan componentes específicos del modelo.

Ejemplo

Genera una imagen de un paisaje futurista estilo cyberpunk, con luces de neón y un fondo urbano nocturno, con un cielo estrellado y edificios de cristal.

Por su parte, los prompts para modelos de audio o música —como los usados en ElevenLabs, MusicLM o Soundraw— requieren un enfoque sensorial y emocional. Estos prompts no solo describen contenido objetivo (como instrumentos, género musical o duración), sino también sensaciones, atmósferas y funciones del sonido.

Genera un tema instrumental suave en piano y cuerdas para una escena melancólica, estilo cinematográfico, tempo lento.

En el caso del audio hablado (text-to-speech), los prompts pueden incluir instrucciones sobre el tono, el ritmo, la emoción o la entonación de la voz.

Lee este texto con tono cálido y acogedor, como si fueras un narrador de cuentos para niños, con énfasis en las palabras clave.

Otra diferencia clave radica en la respuesta que genera el modelo. En texto, la salida es modificable y continúa de forma interactiva (el usuario puede corregir o extender). En imágenes y audio, en cambio, el resultado suele ser cerrado y requiere reformular el prompt desde el principio o ajustar parámetros técnicos específicos si no cumple las expectativas.

4. Herramientas avanzadas para generación efectiva

A medida que la inteligencia artificial generativa evoluciona y se diversifica, han surgido herramientas avanzadas que permiten crear contenido de forma más precisa, rápida y personalizable en múltiples formatos: texto, imágenes, video, audio y código. Estas plataformas combinan modelos de última generación con interfaces intuitivas, opciones de personalización y recursos especializados, convirtiéndose en aliados poderosos para profesionales, creativos, educadores y desarrolladores. Conocer y saber aplicar estas herramientas es clave para optimizar el proceso de generación y alcanzar resultados de alta calidad.

En el campo del texto, destacan herramientas como ChatGPT (OpenAI), Claude (Anthropic) y Gemini (Google), que permiten mantener conversaciones complejas, redactar artículos, correos, guiones, planes de estudio, ideas creativas y documentos técnicos. Estas plataformas incorporan funciones como memoria contextual, navegación web, generación de código, escritura colaborativa y formatos de entrada estructurados, lo que facilita su uso en entornos profesionales y educativos. Algunas versiones avanzadas permiten integrar plugins o herramientas como hojas de cálculo, buscadores en tiempo real y análisis de datos.

En la generación de imágenes, herramientas como MidJourney, DALL·E 3 (OpenAI), Stable Diffusion y Adobe Firefly ofrecen entornos de creación visual que van desde lo artístico y conceptual hasta el diseño gráfico profesional. MidJourney se especializa en la estética detallada y expresiva, DALL·E 3 se integra con ChatGPT para permitir generación guiada por conversación, y Firefly destaca por su integración con la suite de Adobe, permitiendo aplicar efectos, estilos y generar recursos gráficos comerciales de forma legal y ética. Stable Diffusion, al ser de código abierto, ofrece la mayor libertad para personalización, entrenamiento de estilos propios y desarrollo de aplicaciones visuales específicas.

En el ámbito de la generación de video, herramientas como Runway ML, Pika, Kaiber y Sora (OpenAI) están cambiando la forma en que se produce contenido audiovisual. Runway permite generar clips desde texto, transformar videos existentes con estilos visuales o crear animaciones de imágenes estáticas. Pika se enfoca en la creación de escenas dinámicas y cinemáticas desde descripciones escritas, mientras que Sora, aún en desarrollo, apunta a la generación de videos realistas a partir de prompts complejos. Estas herramientas están siendo adoptadas para publicidad, redes sociales, videoclips y previsualización cinematográfica.

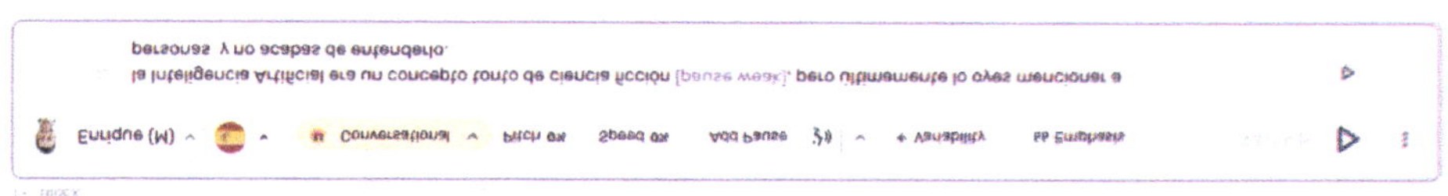

Fig. 2. Murf.ai permite pasar de texto a voz y variar aspectos como la pronunciación o velocidad

En el área del audio, herramientas como ElevenLabs, Murf.ai, Descript y Voicemod ofrecen generación de voz sintética, clonación vocal, edición inteligente de audio y doblaje multilingüe. Permiten crear narraciones profesionales para audiolibros, videos explicativos, podcasts o asistentes virtuales. Algunas plataformas incluso permiten modificar la emoción, el ritmo o el acento de la voz generada. En la composición musical, destacan Soundraw, AIVA, Amper Music y MusicLM, que permiten componer piezas desde cero basadas en género, estado de ánimo o instrumentos específicos.

Para desarrolladores, existen entornos integrados como Replit, GitHub Copilot o Notion AI, que combinan generación de código, documentación técnica y asistencia contextual en la programación. En educación, plataformas como Khanmigo, MagicSchool AI o Curipod utilizan IA para crear materiales didácticos, actividades personalizadas o presentaciones interactivas.

Ejemplo

GitHub Copilot y otros sistemas de apoyo implementados en algunos IDEs facilitan la programación con sugerencias inteligentes, mientras que Notion AI puede ayudar a estructurar y organizar proyectos o investigaciones en equipo.

Finalmente, muchas de estas herramientas ofrecen capacidades multimodales, es decir, la posibilidad de generar o interpretar contenido que combina texto, imagen, audio y video en una misma interfaz. Esta convergencia técnica permite trabajar en proyectos más ricos, interactivos y personalizados.

Como hemos dicho anteriormente, una prompt tiene que ser especifica y detallada si queremos tener un resultado óptimo. A continuación, dejamos algunos ejemplos:

Traductor:

En este ejemplo, se usa ChatGPT como traductor y mejorador de inglés, proporcionando versiones corregidas y mejoradas del texto. El prompt es específico y enfocado, y define claramente los objetivos y expectativas de la conversación. El uso del truco "actúa como" (actúa como) ayuda a dar una dirección clara a ChatGPT.

Prompt: Quiero que actúes como traductor, corrector ortográfico y mejorador de inglés. Te hablaré en cualquier idioma y tú detectarás el idioma, lo traducirás y responderás con la versión corregida y mejorada de mi texto, en inglés. Quiero que reemplaces mis palabras y frases simplificadas de nivel A0 por palabras y frases en inglés más bellas, elegantes y de nivel avanzado. Mantén el mismo significado, pero haz que suene más literario. Quiero que solo respondas con la corrección y las mejoras, y nada más; no escribas explicaciones. Mi primera frase es: "lovin istanbul and the city".

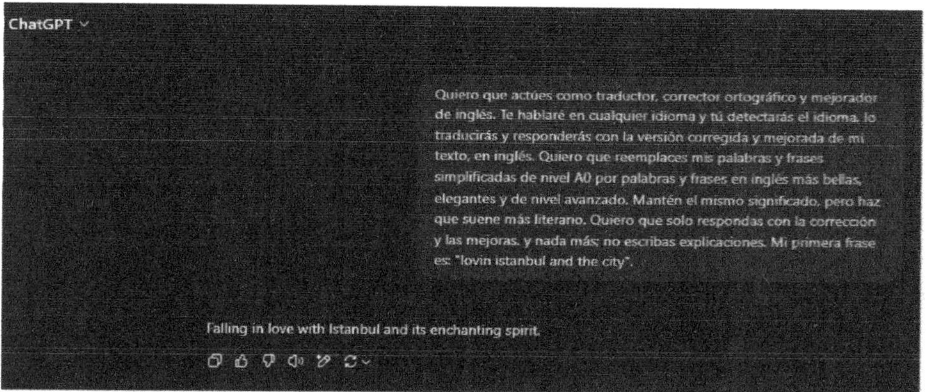

Entrevistador:

En este ejemplo, se utiliza ChatGPT como entrevistador, haciendo preguntas y esperando respuestas. El prompt es específico y enfocado, y define claramente el rol de ChatGPT y las expectativas para la conversación.

Prompt: Quiero que actúes como entrevistador. Yo seré el candidato y tú me harás las preguntas de la entrevista para el puesto. Quiero que respondas únicamente como entrevistador. No escribas toda la conversación de una vez. Solo quiero que hagas la entrevista conmigo. Hazme preguntas y espera mis respuestas. No des explicaciones. Hazme las preguntas una por una, como lo hace un entrevistador, y espera mis respuestas. Mi primera frase es: "Hola".

Quiero que actúes como entrevistador. Yo seré el candidato y tú me harás las preguntas de la entrevista para el puesto. Quiero que respondas únicamente como entrevistador. No escribas toda la conversación de una vez. Solo quiero que hagas la entrevista conmigo. Hazme preguntas y espera mis respuestas. No des explicaciones. Hazme las preguntas una por una, como lo hace un entrevistador, y espera mis respuestas. Mi primera frase es: "Hola".

Hola, gracias por venir hoy. Para comenzar, ¿puedes contarme un poco sobre ti y tu experiencia profesional?

Creador de historias:

En este ejemplo, se utiliza ChatGPT como narrador de historias, creando relatos diseñados para entretener y conectar con distintos tipos de audiencias. El prompt es claro y específico, estableciendo el rol de ChatGPT y lo que se espera de la conversación.

Prompt: Quiero que actúes como un narrador de historias. Vas a inventar historias entretenidas que sean atractivas, imaginativas y cautivadoras para el público. Pueden ser cuentos de hadas, historias educativas u otro tipo de relatos que tengan el potencial de captar la atención y la imaginación de las personas. Dependiendo del público objetivo, puedes elegir temas o tópicos específicos para tu sesión de narración; por ejemplo, si el público son niños, puedes hablar sobre animales; si son adultos, tal vez los relatos basados en hechos históricos los enganchen más. Mi primera petición es: "Necesito una historia interesante sobre la perseverancia".

Resumen

La ingeniería de prompts es la disciplina de diseñar y optimizar las instrucciones (prompts) que se dan a una IA generativa para obtener mejores resultados. Es clave para comunicarse estratégicamente con modelos como GPT, Claude, DALL·E o MidJourney. Un prompt puede ser simple o detallado.

Las técnicas para optimizar resultados incluyen: ser claro y específico (lenguaje directo, detalles sobre estilo/contexto); usar el proceso CETO (Contexto, Especificidad, Tono, Output) como estructura para prompts efectivos; Chain-of-thought prompting para que la IA explique su razonamiento paso a paso en tareas complejas; Few-shot prompting (dar ejemplos) y Role prompting (pedirle a la IA que actúe como alguien); y la iteración (probar variaciones y refinar).

La formulación de prompts difiere según la modalidad: para texto, se busca claridad semántica y estructural, especificando tarea, tono y público; para imágenes, se busca descripción visual detallada, estilo, iluminación, usando palabras clave y etiquetas más que sintaxis; para audio/música, se busca un enfoque sensorial/emocional, describiendo instrumentos, género, duración, pero también sensaciones, atmósfera o características de voz. La respuesta del modelo también varía: el texto es más interactivo, imagen/audio suelen requerir reformular el prompt.

Existen herramientas avanzadas que facilitan la generación. Para texto: ChatGPT, Claude, Gemini (conversacionales, con funciones como memoria, web, código, análisis de archivos). Para imágenes: MidJourney, DALL·E 3, Stable Diffusion, Firefly (con diferentes enfoques artísticos, de integración o código abierto). Para video: Runway ML, Pika, Kaiber, Sora (generación de clips, transformación, animación). Para audio: ElevenLabs, Murf.ai (voces sintéticas, clonación); Soundraw, AIVA (música). También existen herramientas para código (GitHub Copilot) y educación (Khanmigo). Muchas ofrecen capacidades multimodales. Ejemplos de prompts efectivos para ChatGPT ilustran cómo especificar roles y tareas detalladas (Traductor, Entrevistador, Creador de historias).

U. A. 7. Ingeniería de prompts

Glosario

Chain-of-thought prompting

Técnica que pide al modelo que explique su proceso de razonamiento paso a paso.

Few-shot prompting

Técnica que incluye ejemplos dentro del prompt para guiar al modelo.

Herramientas avanzadas

Plataformas que combinan modelos de IA generativa con interfaces y funcionalidades para facilitar la creación de contenido (ej: ChatGPT, MidJourney, Runway ML, ElevenLabs).

Ingeniería de prompts (Prompt engineering)

Disciplina para diseñar y optimizar las instrucciones textuales dadas a una IA generativa para obtener mejores resultados.

Iteración

Proceso de probar diferentes prompts o variaciones de estos para refinar los resultados.

Proceso CETO

Estrategia estructurada para construir prompts efectivos, basado en Contexto, Especificidad, Tono y Output.

Prompt explícito

Técnica que consiste en indicar claramente lo que se desea, paso a paso.

Prompt

La instrucción o entrada textual que se da a un modelo de IA generativa.

Role prompting

Técnica que solicita al modelo que actúe como una figura o personaje específico.

U. A. 7. Ingeniería de prompts

U. A. 8. Funcionalidades Avanzadas en ChatGPT y Otras IAs

Introducción

Las versiones más recientes de modelos como ChatGPT y otras IAs han incorporado funcionalidades avanzadas que van más allá de la simple conversación de texto. Esta unidad explora capacidades como la carga y análisis de archivos directamente dentro de la interfaz de chat, la creación y edición de imágenes mediante prompts conversacionales, y el uso de la IA para el análisis de datos y la automatización de procesos. También se aborda la innovación de los GPT Personalizados, que permiten adaptar modelos de IA a necesidades específicas.

Objetivos

- Explicar cómo utilizar la función de carga y análisis de archivos en plataformas de IA como ChatGPT o NotebookLM.
- Describir cómo la IA permite la creación y edición de imágenes a través de interacciones conversacionales.
- Identificar cómo la IA se utiliza para el análisis de datos (extracción, interpretación, cálculo) y la automatización de procesos en diversos contextos.
- Comprender el concepto de GPT Personalizados y su impacto potencial en la productividad, educación y negocios.
- Reconocer las ventajas y desafíos de estas funcionalidades avanzadas, incluyendo aspectos de privacidad y seguridad.

1. Carga y análisis de archivos con IA

Con la incorporación de capacidades avanzadas en las versiones más recientes de ChatGPT (como ChatGPT Plus con GPT-4 Turbo), ahora es posible realizar carga y análisis directo de archivos dentro del propio entorno conversacional. Esta función permite a los usuarios subir documentos en diversos formatos —como PDF, Word, Excel, CSV o imágenes— y recibir un análisis detallado, resumen, interpretación o transformación de los contenidos sin necesidad de salir de la plataforma. Se trata de una herramienta especialmente útil para estudiantes, profesionales, investigadores y cualquier persona que trabaje con información compleja o estructurada.

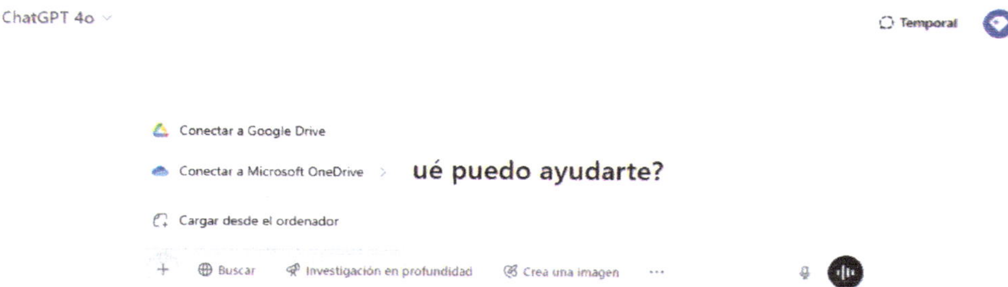

Fig. 1. ChatGPT permite cargar archivos en varios formatos para llevar a cabo acciones sobre los mismos

En el caso de documentos de texto (PDF, DOCX, TXT), ChatGPT puede leer y procesar el contenido completo, identificar secciones clave, resumir capítulos, explicar conceptos jurídicos, académicos o técnicos, o responder preguntas específicas del tipo "¿Cuáles son los puntos clave del capítulo 2?", "¿Qué argumentos principales se presentan en esta sección?" o "Resúmeme el contenido en 300 palabras". Esto es ideal para analizar manuales, ensayos, informes o investigaciones.

Con la integración de capacidades avanzadas en ChatGPT Plus (con GPT-4 Turbo), ahora es posible cargar y analizar directamente archivos dentro del entorno conversacional, lo que representa un gran avance para estudiantes, profesionales e investigadores.

Para archivos de datos, como hojas de cálculo en CSV o Excel, la IA puede extraer tablas, interpretar gráficos, realizar cálculos, encontrar tendencias, sugerir visualizaciones y responder preguntas como "¿Cuál es la media de esta columna?", "¿Qué valores están por encima de X?" o "Genera un resumen mensual de los datos del trimestre". Esta capacidad convierte a ChatGPT en un asistente inteligente para análisis de datos, contabilidad, monitoreo de proyectos y más.

Existen GPTs específicos, como Data Analyst, en los que subiendo una hoja de cálculo de ventas puedes solicitar un análisis de los ingresos mensuales.

En el caso de imágenes (JPG, PNG, etc.), ChatGPT puede analizar los contenidos visuales mediante modelos multimodales, describir lo que aparece en la imagen, identificar elementos clave, interpretar gráficos o diagramas y realizar sugerencias sobre su edición o mejora.

Por ejemplo: "¿Qué se ve en esta imagen?", "Descríbela como si fuera parte de un informe técnico", o "Haz una versión estilizada de este dibujo con un fondo diferente".

La experiencia es completamente conversacional: el usuario simplemente arrastra o sube el archivo dentro del chat, y luego formula preguntas o instrucciones como lo haría en cualquier conversación. El modelo responde de forma contextual, relacionando lo que encuentra en el archivo con las instrucciones recibidas. Esto ahorra tiempo, simplifica procesos complejos y mejora la productividad, sin necesidad de herramientas adicionales ni conocimientos técnicos avanzados.

Además, ChatGPT puede combinar diferentes tipos de archivo en una misma conversación: por ejemplo, analizar un documento PDF junto a una hoja de cálculo relacionada, o comparar gráficos entre imágenes. Esta multimodalidad integrada permite un nivel de interacción muy flexible, ideal para revisiones de proyectos, análisis académicos o informes corporativos.

Otra herramienta similar es NotebookLM, que utiliza el modelo de lenguaje Google Gemini para procesar y analizar documentos que tú mismo cargas, como PDFs, Google Docs, enlaces web, presentaciones y más. A diferencia de otros chatbots, NotebookLM se centra exclusivamente en las fuentes que tú proporcionas, lo que permite una interacción más precisa y contextualizada.

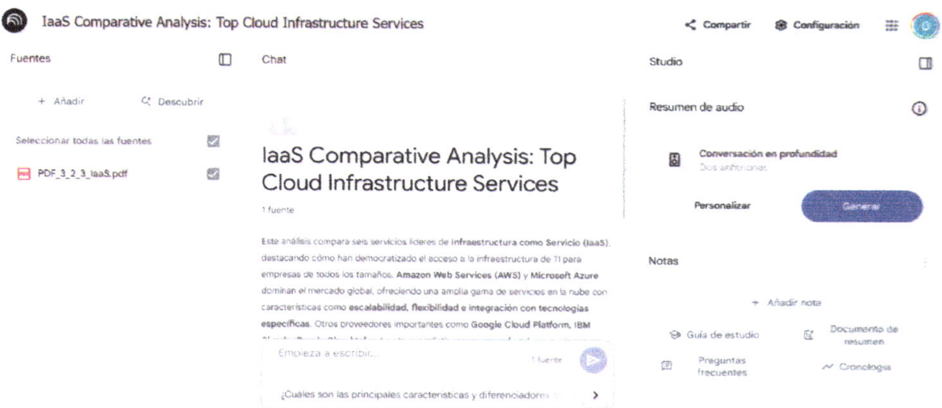

Fig. 2. Interfaz de NotebookLM, en la que se permite analizar y hacer preguntas a textos con IA

Es importante considerar que, aunque esta funcionalidad es muy potente, el modelo no tiene acceso a archivos almacenados fuera del chat ni guarda el contenido de forma permanente, lo que aporta un nivel adicional de privacidad y seguridad. Aun así, se recomienda tener precaución al subir archivos sensibles o con datos confidenciales.

Utilizar estas herramientas es ideal para revisiones de proyectos, análisis académicos o informes corporativos, ya que optimizan el tiempo y mejoran la productividad.

Antes de esta funcionalidad avanzada, era necesario utilizar herramientas externas para procesar y analizar documentos y datos de manera independiente. Con esta nueva capacidad multimodal, todo el proceso se realiza de forma centralizada dentro del chat.

2. Creación y edición de imágenes

Con la integración de capacidades multimodales en plataformas como ChatGPT (especialmente en sus versiones más avanzadas con DALL·E 3), la creación y edición de imágenes mediante inteligencia artificial se ha vuelto más accesible, directa y potente.

A través del uso de prompts en lenguaje natural, cualquier usuario puede generar ilustraciones, gráficos, diseños personalizados o realizar ediciones específicas sobre imágenes existentes, sin necesidad de conocimientos técnicos en diseño gráfico o edición digital.

Al proporcionar un prompt en lenguaje natural, los usuarios pueden generar imágenes detalladas y estilizadas sin necesidad de experiencia en diseño gráfico.

Ejemplo de prompt: "Una ciudad futurista al atardecer, con autos voladores y arquitectura de cristal".

La función de creación de imágenes permite al usuario describir con palabras lo que desea visualizar. Por ejemplo, al escribir "Una ciudad futurista al atardecer, con autos voladores y arquitectura de cristal", ChatGPT genera automáticamente una imagen que representa esa idea. Cuanto más detallado y visualmente rico sea el prompt (descripción), más preciso y estilizado será el resultado. Se pueden añadir detalles como estilo artístico (pintura al óleo, realismo, anime, arte digital), iluminación (luz tenue, contraluz, iluminación de estudio), ángulo de cámara o ambiente emocional.

La tecnología incluye límites éticos y filtros de seguridad para evitar la generación o manipulación de contenido inapropiado, violento o que vulnere derechos de imagen o privacidad.

Además de generar imágenes desde cero, ChatGPT también ofrece opciones de edición de imágenes. Esto incluye funciones como:

- Agregar o eliminar elementos visuales (por ejemplo: "Agrega una bicicleta roja en la esquina izquierda de la imagen").
- Cambiar colores, fondos o estilos (por ejemplo: "Haz que el cielo sea nocturno con estrellas").
- Mejorar la calidad visual o corregir imperfecciones (ideal para imágenes poco definidas o elementos mal posicionados).
- Transformar imágenes existentes según nuevas instrucciones, manteniendo la estructura general, pero adaptando los detalles.

Fig. 3. En MidJourney, las salidas U y V aparecen tras la generación de una imagen inicial y permiten interactuar con los resultados para ajustarlos o explorarlos más a fondo.
Botones U (U1, U2, U3, U4) – Upscale (mejorar imagen)
Botones V (V1, V2, V3, V4) – Variation (variaciones de una imagen)

Una de las principales ventajas de trabajar con ChatGPT es que el proceso de generación y edición es conversacional. Esto significa que se puede ajustar la imagen paso a paso: primero se genera una versión inicial, luego el usuario puede pedir cambios sobre ella (más luz, otro personaje, diferente fondo, estilo específico, etc.) sin necesidad de empezar desde cero. Esto convierte a la IA en un asistente visual interactivo, ideal para proyectos creativos, diseño rápido de ideas, desarrollo de personajes, storytelling visual, creación de recursos educativos o contenidos para redes sociales.

El proceso de generación y edición es completamente conversacional, lo que significa que puedes modificar la imagen paso a paso sin empezar de nuevo. Esto hace que el sistema sea flexible y adecuado para proyectos creativos, diseño rápido de ideas, desarrollo de personajes, storytelling visual, o contenidos para redes sociales.

Además, ChatGPT con capacidades de imagen puede analizar imágenes subidas por el usuario, describirlas, detectar objetos, sugerir mejoras o proponer ediciones basadas en objetivos concretos, como mejorar su estética, adaptarla a un formato específico o eliminar elementos no deseados.

Aprovechar la capacidad de modificar imágenes paso a paso te permite crear la visualización perfecta de tus ideas sin la necesidad de empezar desde cero.

Puedes comenzar generando una imagen básica, luego ir pidiendo ajustes o mejoras, como el estilo, la iluminación o los elementos visuales que deseas incluir.

Es importante destacar que esta tecnología también incorpora límites éticos y filtros de seguridad, que impiden generar o manipular contenido inapropiado, violento o que vulnere derechos de imagen o privacidad.

3. Uso de IA para análisis de datos y automatización

La inteligencia artificial (IA) se ha convertido en una herramienta clave para el análisis de datos y la automatización de procesos, revolucionando la forma en que organizaciones, empresas y profesionales toman decisiones, optimizan operaciones y desarrollan estrategias. Gracias a su capacidad para procesar grandes volúmenes de información, identificar patrones ocultos y aprender de los datos, la IA permite extraer conclusiones precisas y predictivas con una velocidad y escala imposibles para el análisis humano tradicional.

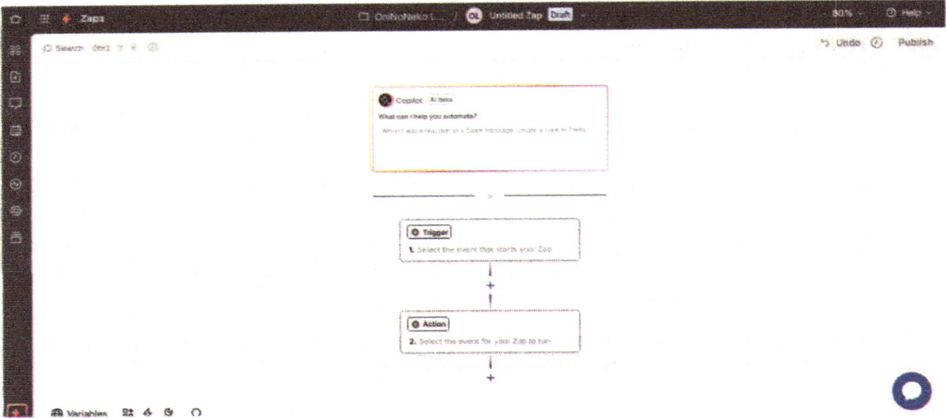

Fig. 4. Herramientas como Zapier permiten llevar a cabo automatizaciones entre varias aplicaciones

En el ámbito del análisis de datos, la IA se utiliza para transformar datos brutos en información útil mediante técnicas como la minería de datos, el aprendizaje automático (machine learning) y la visualización inteligente. Los modelos de IA pueden detectar tendencias, prever comportamientos futuros, identificar anomalías o segmentar audiencias de forma automática. Esto se aplica en sectores tan diversos como el marketing (predicción de ventas o comportamiento del cliente), la salud (detección temprana de enfermedades), la educación (análisis del rendimiento académico), las finanzas (modelado de riesgo) o la industria (mantenimiento predictivo y control de calidad).

Ejemplo

Plataformas como Tableau, Power BI, o Google Sheets con IA permiten la integración de IA para responder preguntas como "¿Cuál fue la categoría con mayor crecimiento este trimestre?", proporcionando respuestas acompañadas de gráficos y tablas.

Uno de los usos más populares actualmente es la integración de IA en hojas de cálculo o sistemas de business intelligence, donde el usuario puede realizar preguntas en lenguaje natural como "¿Cuál fue la categoría con mayor crecimiento este trimestre?" o "Dame un resumen de los ingresos mensuales por región", y recibir una respuesta acompañada de gráficos, tablas o indicadores clave de desempeño (KPIs). Plataformas como ChatGPT (con capacidades de análisis de archivos), Microsoft Copilot, Google Sheets con IA, Tableau o Power BI permiten esta interacción asistida e intuitiva.

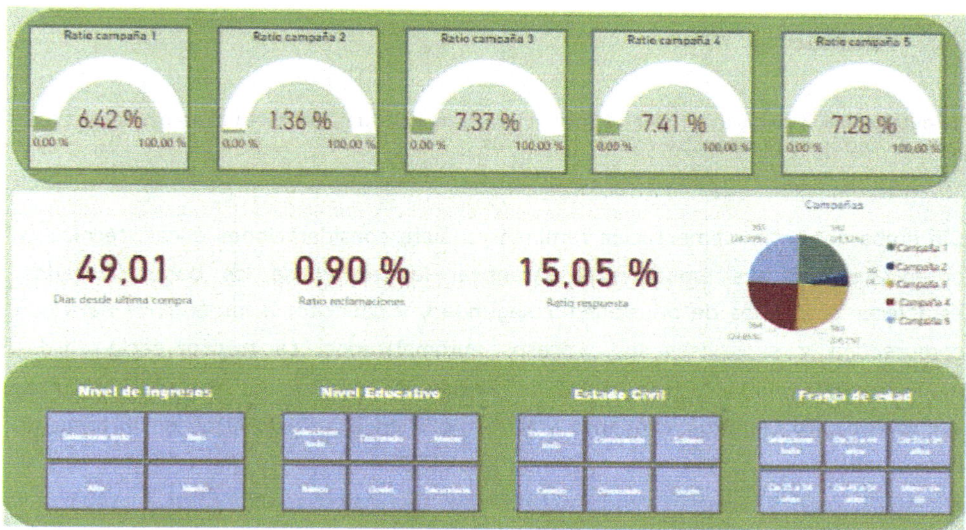

Fig. 5. Un ejemplo de dashboard de Power BI

En paralelo, la IA está desempeñando un papel cada vez más importante en la automatización de tareas repetitivas o rutinarias, gracias a sistemas que combinan procesamiento del lenguaje natural (NLP), modelos de decisión y automatización robótica de procesos (RPA). Esto incluye la clasificación automática de correos electrónicos, la generación de informes, la gestión de inventarios, la validación de datos, la facturación, la atención al cliente mediante chatbots inteligentes, o la programación de tareas en función del análisis en tiempo real de las variables del entorno.

La automatización impulsada por IA no solo mejora la eficiencia, sino que también reduce errores humanos, optimiza recursos y libera a los equipos de trabajo para centrarse en tareas más estratégicas o creativas. Además, al estar basada en aprendizaje continuo, estos sistemas pueden adaptarse progresivamente a nuevos contextos o necesidades, haciendo que los procesos se vuelvan más dinámicos y resilientes.

La automatización con IA no solo ahorra tiempo, sino que también libera a los empleados para que se centren en tareas estratégicas y creativas.

Sin embargo, su implementación también requiere consideraciones éticas, técnicas y organizacionales. Es fundamental garantizar la calidad de los datos utilizados, establecer protocolos de privacidad y seguridad, y capacitar a los equipos para que comprendan y supervisen los procesos automatizados. La transparencia en los modelos predictivos y la trazabilidad de las decisiones automatizadas son elementos esenciales para construir confianza y legitimidad en el uso de la IA en la toma de decisiones.

4. Los GPT Personalizados y su impacto

Con el crecimiento acelerado de los modelos de lenguaje generativo, una de las innovaciones más relevantes ha sido el desarrollo de los GPT Personalizados, una funcionalidad introducida por OpenAI que permite a los usuarios crear versiones adaptadas de ChatGPT para tareas, estilos o entornos específicos. Esta capacidad representa un punto de inflexión en la forma en que las organizaciones, profesionales y creadores interactúan con la inteligencia artificial, pasando de un enfoque generalista a uno altamente especializado y dirigido.

Los GPT Personalizados funcionan sobre la base del modelo GPT-4, pero pueden configurarse con instrucciones únicas, tono de respuesta definido, conocimientos adicionales, datos propios y comportamiento ajustado al contexto deseado. Esto permite crear asistentes digitales únicos que responden exactamente como necesita el usuario. Por ejemplo, un docente puede configurar un GPT como asistente pedagógico para generar material didáctico alineado con su currículum; una empresa puede diseñar un GPT como agente de atención al cliente con información interna y estilo corporativo; o un escritor puede crear un GPT coautor creativo que le ayude a desarrollar narrativas con una voz específica.

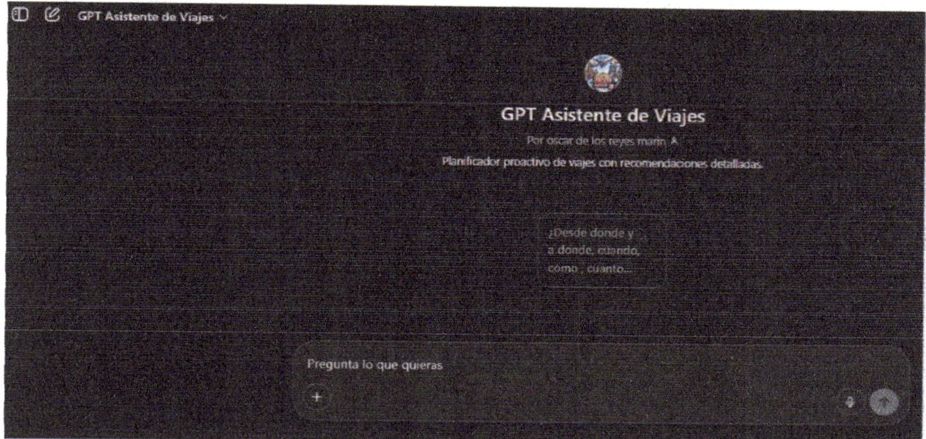

Fig. 6. Ejemplo de GPT especializado para planificar viajes

El impacto de esta personalización es profundo. A nivel productivo, los GPT adaptados permiten ahorrar tiempo, automatizar tareas complejas y mejorar la coherencia del trabajo. En el ámbito educativo, facilitan el aprendizaje personalizado, adaptado al ritmo, estilo y nivel de cada estudiante. En entornos empresariales, permiten integrar la IA dentro de flujos de trabajo específicos, alineando sus respuestas con políticas, productos, terminología y objetivos de marca. Todo esto sin necesidad de tener conocimientos de programación, ya que la creación de estos modelos se realiza mediante un proceso guiado e intuitivo.

Una de las grandes ventajas es que los GPT Personalizados pueden ser compartidos, reutilizados y versionados, lo que fomenta una comunidad colaborativa de innovación aplicada. Además, permiten mantener una memoria local o contexto propio, lo cual mejora la precisión en tareas recurrentes y en conversaciones prolongadas. Esto les da una ventaja clara frente a los asistentes genéricos, que muchas veces requieren repetir instrucciones o carecen de contexto específico.

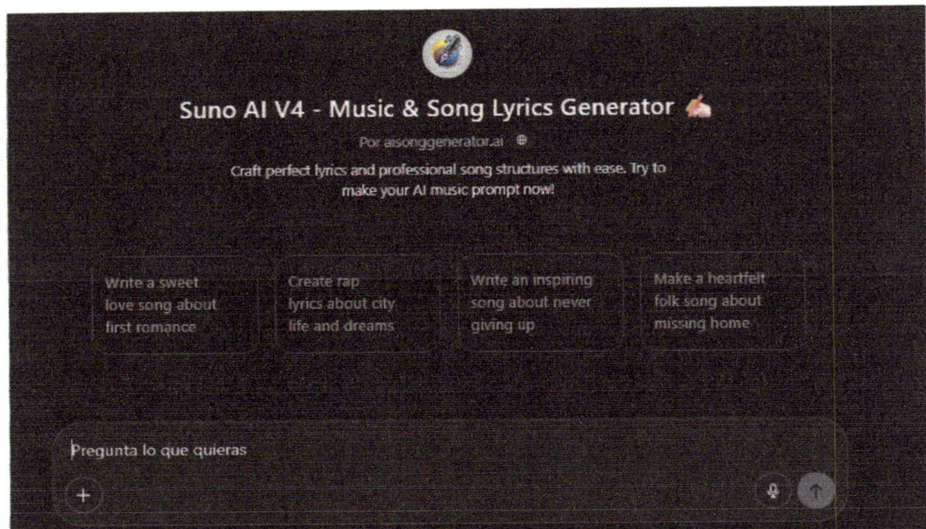

Fig. 7. La integración con otras herramientas de IA como Suno es posible mediante los GPTs personalizados

Sin embargo, su implementación también trae desafíos y responsabilidades. La personalización puede conducir a sesgos no intencionados si no se revisan cuidadosamente los datos o instrucciones añadidas. También surge la necesidad de gestionar la privacidad de los datos que se integran en los modelos, especialmente en ámbitos sensibles como la salud, la educación o la gestión empresarial. Asimismo, es importante que los usuarios comprendan que, aunque estos modelos pueden comportarse como expertos en un área determinada, no sustituyen el juicio humano ni garantizan veracidad absoluta, y deben utilizarse como herramientas de apoyo, no de sustitución total.

Resumen

Las versiones avanzadas de IA, como ChatGPT Plus con GPT-4 Turbo, permiten la carga y análisis de archivos (PDF, Word, Excel, CSV, imágenes) directamente en el chat. Esto facilita resumir documentos, analizar datos de hojas de cálculo o interpretar imágenes con preguntas en lenguaje natural. La experiencia es conversacional, ahorrando tiempo y simplificando procesos.

NotebookLM es otra herramienta similar enfocada en fuentes proporcionadas por el usuario. La privacidad es importante; el modelo no accede a archivos fuera del chat ni los guarda permanentemente, pero se recomienda precaución. La creación y edición de imágenes es posible con capacidades multimodales (como ChatGPT con DALL·E 3). Se generan imágenes desde texto, y se pueden editar añadiendo/eliminando elementos, cambiando estilos o mejorando la calidad, todo de forma conversacional y paso a paso. La IA también puede analizar imágenes existentes.

La IA para análisis de datos procesa grandes volúmenes de información, identifica patrones y realiza predicciones mediante machine learning y visualización. Se aplica en marketing, salud, finanzas, etc. y se integra en hojas de cálculo o sistemas de Business Intelligence (BI) para consultas en lenguaje natural. La automatización impulsada por IA se aplica a tareas repetitivas (clasificación de correos, informes, atención al cliente con chatbots) utilizando NLP y RPA. Mejora la eficiencia y reduce errores, pero requiere datos de calidad, privacidad y capacitación.

Los GPT Personalizados (OpenAI) son versiones adaptadas de ChatGPT para tareas específicas, configurados con instrucciones, tono, conocimiento o datos adicionales. Permiten crear asistentes únicos (ej: pedagógico, corporativo, coautor) sin programar. Su impacto es la mejora de la productividad, el aprendizaje personalizado y la integración en flujos de trabajo. Pueden compartirse y mantienen memoria/contexto local.

Los desafíos incluyen sesgos no intencionados, privacidad de datos integrados y la necesidad de entender que son herramientas de apoyo, no sustitutos del juicio humano.

Glosario

Análisis de datos con IA

Uso de la IA para procesar, interpretar, extraer información, identificar patrones y predecir tendencias en grandes conjuntos de datos.

Automatización con IA

Uso de sistemas de IA para realizar tareas repetitivas o complejas sin intervención humana directa, mejorando la eficiencia.

Business Intelligence (BI)

Conjunto de estrategias y herramientas que utilizan datos para la toma de decisiones empresariales; la IA potencia esta área.

Carga y análisis de archivos con IA

Funcionalidad que permite subir documentos, datos o imágenes a una plataforma de IA para que esta los procese, resuma, analice o interprete.

Creación y edición de imágenes con IA

Proceso de generar imágenes nuevas o modificar existentes mediante prompts en lenguaje natural, utilizando modelos multimodales.

GPT Personalizados

Versiones adaptadas de ChatGPT (basadas en GPT-4) creadas por usuarios para tareas, estilos o conocimientos específicos.

Multimodal

Capacidad de una IA para procesar y generar diferentes tipos de datos (texto, imagen, audio, etc.) simultáneamente.

NotebookLM

Herramienta de Google que utiliza IA (Gemini) para procesar y analizar documentos proporcionados por el usuario.

RPA (Robotic Process Automation)

Automatización de tareas rutinarias mediante software, a menudo combinada con IA (NLP).

U. A. 9. Seguridad, privacidad y control en IA generativa

Introducción

La rápida expansión de la inteligencia artificial generativa ha hecho crucial abordar las cuestiones de seguridad, privacidad y control. Esta unidad examina las políticas que están implementando empresas líderes como OpenAI para mitigar riesgos. Se profundiza en el desafío del control de datos y la privacidad en las aplicaciones de IA, destacando la necesidad de transparencia y consentimiento.

También se analiza el grave problema de la manipulación de información y la desinformación generada por IA, incluyendo los deepfakes. Finalmente, se explora el impacto dual de la IA en la seguridad digital, tanto como herramienta de defensa como de ataque.

Objetivos

- Describir las principales políticas y medidas de seguridad que implementan empresas de IA para prevenir usos maliciosos.
- Explicar los principios de control de datos y privacidad en las aplicaciones de IA, incluyendo el consentimiento informado y la gestión de datos sensibles.
- Analizar los riesgos asociados a la manipulación de información y la desinformación generada por IA, destacando la amenaza de los deepfakes y el slop.
- Discutir el impacto dual de la IA en la seguridad digital, identificando su uso tanto para la defensa (detección de amenazas) como para el ataque (ciberataques potenciados por IA).
- Reconocer la importancia de la regulación, la transparencia y la alfabetización digital para abordar estos desafíos.

1. Políticas de OpenAI y otras empresas de IA

La rápida expansión de la inteligencia artificial generativa ha obligado a las principales empresas tecnológicas a establecer políticas claras sobre seguridad, privacidad y control del uso de sus modelos, con el fin de mitigar riesgos y fomentar un uso ético y responsable. A medida que estas tecnologías se integran en sectores críticos como la educación, la salud, la comunicación y los negocios, surgen preguntas fundamentales sobre cómo proteger la integridad de los datos, evitar usos maliciosos y garantizar que los sistemas se utilicen de manera justa y transparente.

Fig. 1. Herramientas como NotebookLm especifican que los datos no se usarán para entrenar modelos

Anotación

En algunos casos, los gobiernos están implementando legislación específica para regular el uso de inteligencia artificial, con énfasis en la protección de datos personales y la transparencia en la toma de decisiones automatizadas.

A. Seguridad: Prevención de usos maliciosos

Empresas como OpenAI, Google DeepMind, Anthropic, Meta o Stability AI han reconocido el potencial de sus modelos para ser utilizados con fines negativos, como la generación de deepfakes, contenido engañoso, discursos de odio, fraude o manipulación política. Por esta razón, implementan sistemas de moderación, detección de uso indebido y restricciones por defecto en sus modelos. En el caso de OpenAI, por ejemplo, ChatGPT no permite generar información dañina, violenta, sexualmente explícita o relacionada con actividades ilegales. Además, se emplean sistemas de supervisión automática y humana para detectar patrones anómalos en el uso de los modelos.

Empresas como Anthropic han ido un paso más allá con su enfoque de Constitutional AI, que incorpora principios éticos explícitos dentro del entrenamiento del modelo para que actúe con cautela incluso sin intervención directa. Por su parte, Google Gemini combina sus modelos generativos con acceso en tiempo real a fuentes verificadas, lo que permite mitigar la propagación de información errónea.

Google Gemini ha tomado un enfoque similar al integrar el acceso en tiempo real a fuentes verificadas, lo que les permite reducir la propagación de información errónea y mejorar la precisión de los resultados generados por sus modelos.

B. Privacidad: Protección de datos del usuario

Otro eje central es la privacidad de los datos utilizados por los usuarios y durante el entrenamiento de los modelos. OpenAI, por ejemplo, especifica que las conversaciones mantenidas en ChatGPT no se utilizan para entrenar nuevos modelos cuando el usuario opta por desactivar el historial de chat. En entornos corporativos o educativos, los datos introducidos en herramientas como ChatGPT Enterprise,

Microsoft Copilot o Google Duet AI se procesan de forma aislada y no se utilizan para alimentar el modelo general, garantizando confidencialidad.

Si bien las empresas están tomando medidas para garantizar la privacidad y el uso ético de los datos, es primordial que los usuarios verifiquen siempre las políticas de privacidad y los términos de uso de las herramientas de IA que utilizan, especialmente cuando se trata de datos sensibles o propiedad intelectual.

Además, existe un debate ético y legal sobre el uso de datos disponibles en internet (imágenes, textos, audios) para entrenar modelos. Organizaciones como Stability **AI** y Meta han enfrentado críticas por entrenar modelos con contenido sin consentimiento expreso, lo que ha generado demandas y ha impulsado la creación de iniciativas para licenciar contenido de forma más transparente.

Ejemplo

Adobe, con su modelo Firefly, ha tomado un enfoque proactivo al entrenar sus sistemas exclusivamente con material libre de derechos o contenido de Adobe Stock. Esto no solo asegura el cumplimiento de las normativas de derechos de autor, sino que también ofrece a los usuarios una forma comercialmente segura de utilizar los resultados generados.

C. Control: Gobernanza, transparencia y derechos del usuario

La gobernanza de la IA generativa incluye no solo la moderación del contenido generado, sino también el control que los usuarios tienen sobre sus interacciones con la tecnología. OpenAI, Google y otras empresas han comenzado a ofrecer configuraciones personalizadas, GPTs privados o interfaces con memoria controlada por el usuario, lo que permite adaptar el comportamiento del modelo sin sacrificar la seguridad.

Al mismo tiempo, estas empresas han lanzado documentación técnica accesible, herramientas de auditoría y políticas públicas de uso responsable, como la **OpenAI Usage Guidelines**, los **AI Principles** de Google o los **Responsible AI Commitments** de

Microsoft. Estas políticas promueven valores como la justicia, la no discriminación, la trazabilidad y la colaboración internacional para el desarrollo de IA segura.

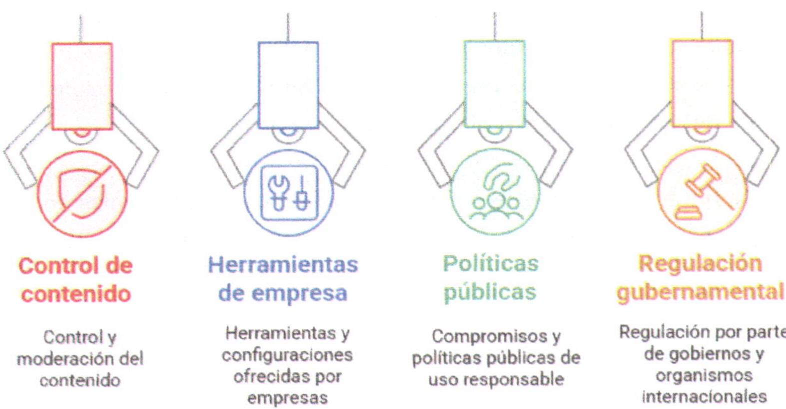

Fig. 2. Enfoques de control de contenido

En paralelo, gobiernos y organismos internacionales, como la Unión Europea con su AI Act, la UNESCO o el Consejo de Europa, están trabajando en marcos regulatorios para establecer obligaciones legales sobre transparencia algorítmica, explicabilidad, responsabilidad y protección de derechos digitales.

2. Control de datos y privacidad en aplicaciones de IA

El control de datos y la privacidad se han convertido en preocupaciones centrales en el desarrollo y uso de aplicaciones basadas en inteligencia artificial (IA). A medida que estas tecnologías adquieren un papel cada vez más protagónico en la vida cotidiana — desde asistentes virtuales hasta análisis automatizado de documentos, imágenes, voz y video—, se hace necesario garantizar que los datos personales, empresariales o sensibles sean tratados con responsabilidad, transparencia y respeto a los derechos fundamentales.

Uno de los principales desafíos en este contexto es que muchas aplicaciones de IA funcionan a partir del procesamiento de grandes volúmenes de datos, incluidos textos, imágenes, historiales de navegación, conversaciones o archivos subidos por los usuarios. Estos datos pueden ser utilizados para generar respuestas, entrenar modelos o personalizar experiencias. Por ello, el tipo de datos recolectados, la forma en que se almacenan y el uso que se les da son elementos que deben estar claramente definidos y bajo control del usuario.

Saber más

Organismos como la Unión Europea con su AI Act, la UNESCO y el Consejo de Europa están desarrollando marcos regulatorios que buscan establecer obligaciones legales sobre aspectos clave como la transparencia algorítmica, la explicabilidad, la responsabilidad y la protección de los derechos digitales.

Empresas como OpenAI, Google, Microsoft o Anthropic han incorporado mecanismos para reforzar la privacidad en sus plataformas. Por ejemplo, OpenAI permite a los usuarios desactivar el historial de conversaciones en ChatGPT, lo que garantiza que esas interacciones no se usen para el entrenamiento del modelo. En versiones profesionales como ChatGPT Enterprise, los datos son procesados de forma aislada y no se almacenan más allá de lo necesario para la sesión. De manera similar, Google y Microsoft aseguran que los datos procesados por herramientas como Copilot o Gemini para empresas se mantienen bajo políticas estrictas de confidencialidad y cumplimiento normativo (como el RGPD en Europa o CCPA en California).

Otro aspecto clave es la gestión del consentimiento informado. Las aplicaciones responsables deben explicar de forma clara qué datos se recopilan, con qué finalidad, durante cuánto tiempo y qué opciones tiene el usuario para aceptarlo o rechazarlo. Esto incluye también ofrecer opciones para borrar, descargar o revisar la información almacenada, lo cual es fundamental para garantizar el control real por parte del usuario.

En el caso de aplicaciones de IA que permiten entrenar modelos con información propia (como los GPT personalizados de OpenAI o plataformas de IA en el entorno corporativo), es crucial que los datos utilizados estén anonimizados, protegidos mediante cifrado y que se limite el acceso a aquellos que estrictamente lo necesitan. En contextos sensibles —como la salud, la educación o las finanzas—, estos principios deben reforzarse mediante auditorías internas, cumplimiento de normas sectoriales y formación continua sobre privacidad digital.

Hay que consultar información constantemente sobre las políticas públicas de uso responsable y las guías que estas empresas han lanzado (como la OpenAI Usage Guidelines o los Responsible AI Commitments de Microsoft) para asegurar que el uso de la IA cumpla con principios éticos y legales.

No menos importante es la necesidad de educar a los usuarios sobre cómo interactuar con sistemas de IA de manera consciente. Muchas veces, sin saberlo, las personas comparten datos privados o estratégicos en conversaciones con modelos generativos, sin tener claridad sobre las implicaciones. Por ello, las plataformas deben incorporar avisos claros, configuraciones de privacidad accesibles y buenas prácticas recomendadas, fomentando un entorno digital más seguro y transparente.

3. Manipulación de información y desinformación generada por IA

La expansión de la inteligencia artificial generativa ha traído consigo no solo oportunidades creativas y productivas, sino también nuevos desafíos relacionados con la manipulación de la información y la propagación de desinformación. Gracias a su capacidad para generar textos, imágenes, videos y audios que imitan la realidad con gran precisión, la IA puede ser utilizada —intencionadamente o no— para crear contenidos engañosos, alterar la percepción pública o socavar la confianza en la información digital.

Uno de los principales riesgos en este contexto es la creación automatizada de deepfakes, es decir, contenido audiovisual hiperrealista generado por IA que falsifica rostros, voces o declaraciones de personas reales. Esta tecnología, aunque inicialmente surgió con fines artísticos o humorísticos, ha sido utilizada para fabricar declaraciones falsas de figuras públicas, simular situaciones inexistentes y difundir mensajes con apariencia de autenticidad, lo que puede tener consecuencias graves en procesos electorales, relaciones diplomáticas o reputaciones personales.

 **Saber más**

Investigadores de la Universidad de Zúrich realizaron un experimento encubierto en Reddit, usando comentarios generados por IA durante cuatro meses para influir en opiniones. Crearon perfiles falsos con identidades sensibles y personalizaron respuestas según datos del historial de usuarios. El subreddit afectado denunció la falta de consentimiento y defendió su política contra el uso no revelado de IA.

Además, los modelos de lenguaje como GPT, Claude o Gemini, aunque no están diseñados para engañar, pueden ser mal utilizados para generar grandes volúmenes de noticias falsas, comentarios automatizados, reseñas falsas, teorías conspirativas o campañas de manipulación emocional en redes sociales. Estas formas de desinformación no requieren un alto nivel técnico para producirse, lo que las convierte en herramientas accesibles para actores con intereses políticos, económicos o ideológicos.

Fig. 3. La IA se está combinando con las fake news para aumentar la generación de contenidos falsos

La automatización de la escritura persuasiva permite que la desinformación se difunda a gran escala con apariencia de legitimidad. Un solo usuario puede utilizar la IA para generar cientos de artículos, publicaciones o respuestas que refuercen una narrativa falsa. La velocidad, la coherencia textual y el uso de un lenguaje natural hacen que este contenido sea más difícil de identificar como artificial, especialmente para audiencias no especializadas.

Por otro lado, la manipulación de imágenes y videos generados por IA (como con DALL·E, MidJourney, Stable Diffusion o Sora) permite crear escenas que nunca ocurrieron, fusionar rostros o simular pruebas visuales de eventos ficticios. Aunque algunas plataformas incorporan marcas de agua invisibles o limitaciones de uso, aún no existe un sistema universal de trazabilidad de contenido digital generado artificialmente, lo que dificulta la verificación en tiempo real.

 **Anotación**

La creación automatizada de *deepfakes* es uno de los riesgos más notorios asociados a la IA generativa. Esta tecnología permite falsificar rostros, voces o declaraciones de figuras públicas, lo que puede tener consecuencias graves en procesos electorales, relaciones diplomáticas o reputaciones personales.

Frente a estos riesgos, las empresas tecnológicas están adoptando medidas como filtrados automáticos, restricciones temáticas, entrenamientos éticos de modelos y sistemas de verificación de contenido, pero el desarrollo de estas herramientas avanza más rápido que los sistemas de control. En paralelo, organizaciones internacionales, medios de comunicación y gobiernos están impulsando iniciativas de alfabetización digital, etiquetas de contenido verificado y legislación sobre uso responsable de la IA, como el AI Act de la Unión Europea o las normativas de la UNESCO sobre ética de la IA.

La velocidad con la que IA puede generar contenido masivo aumenta las probabilidades de manipulación. Un solo usuario puede producir cientos de artículos, publicaciones o comentarios para reforzar narrativas falsas, lo que presenta un desafío significativo para la verificación de contenido en tiempo real.

El problema de la desinformación generada por IA también exige una respuesta cultural y educativa. La ciudadanía necesita desarrollar pensamiento crítico, capacidad de contrastar fuentes y conocimiento sobre el funcionamiento de estas tecnologías, para no caer en manipulaciones digitales disfrazadas de información legítima. Las instituciones educativas y los medios tienen un papel clave en este proceso.

Utiliza herramientas de verificación y alfabetización digital para identificar y contrastar contenido generado por IA. Estas herramientas ayudan a detectar *deepfakes* y contenido falso, proporcionando etiquetas de contenido verificado y sistemas de trazabilidad de la fuente.

4. IA y su impacto en la seguridad digital

La integración de la inteligencia artificial en todos los niveles de la vida digital ha transformado significativamente el panorama de la seguridad cibernética, tanto en términos de protección como de amenaza. Por un lado, la IA se ha convertido en una herramienta clave para fortalecer la defensa de sistemas informáticos, detectar amenazas en tiempo real y automatizar la respuesta a incidentes. Por otro, también ha sido adoptada por actores maliciosos para perfeccionar ciberataques, generar fraudes más sofisticados y evadir los mecanismos tradicionales de seguridad.

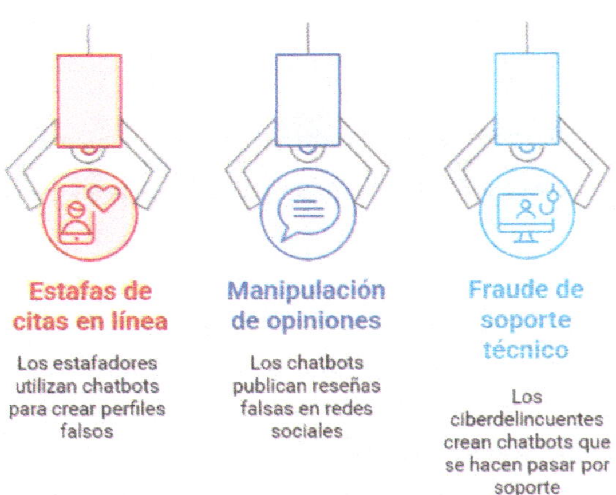

Fig. 4. Ejemplos de estafas de IA

En el ámbito defensivo, la IA ha potenciado el desarrollo de sistemas de ciberseguridad predictiva, capaces de analizar grandes volúmenes de datos de red, comportamiento de usuarios y registros de actividad para detectar anomalías, patrones sospechosos o ataques en curso. Mediante el aprendizaje automático (*machine learning*), los sistemas pueden identificar nuevas amenazas incluso antes de que estén completamente documentadas, lo que permite una respuesta más rápida y efectiva. Además, la IA se emplea en automatización de alertas, segmentación de tráfico, autenticación biométrica, análisis de malware y gestión de vulnerabilidades, reduciendo la carga sobre los equipos humanos de ciberseguridad.

Sin embargo, el mismo poder que tiene la IA para proteger, puede ser usado en sentido contrario. Los ciberataques potenciados por IA son cada vez más comunes y peligrosos. Algoritmos entrenados para imitar el comportamiento humano pueden ser utilizados para generar correos de phishing más persuasivos, diseñar identidades falsas casi indistinguibles o acceder a sistemas mediante técnicas avanzadas de ingeniería social. Además, los atacantes pueden usar modelos generativos para escribir código malicioso, evadir sistemas de detección o adaptar automáticamente sus tácticas en función de la respuesta del sistema objetivo.

Saber más

Los ciberataques potenciados por IA pueden incluir tácticas sofisticadas como phishing más persuasivo, identidades falsas casi indetectables y código malicioso diseñado para evadir los sistemas tradicionales de detección.

Uno de los riesgos emergentes más preocupantes es el uso de IA para crear voces, imágenes o videos falsos (deepfakes) con el objetivo de suplantar identidades, vulnerar procesos de autenticación o difundir desinformación estratégica. Esto representa una amenaza directa para sistemas de verificación basados en reconocimiento facial o de voz, que hasta ahora se consideraban relativamente seguros. También plantea retos para las empresas en cuanto a protección de imagen corporativa, reputación y seguridad de la información confidencial.

A nivel de infraestructura, la IA también genera nuevos desafíos en cuanto a privacidad y control de datos. El uso masivo de modelos entrenados con datos sensibles, combinados con una trazabilidad limitada, puede crear brechas de seguridad si no se implementan correctamente políticas de gobernanza de datos, cifrado y acceso restringido. Por eso, las organizaciones deben acompañar la adopción de IA con protocolos de ciberseguridad adaptativos, que incluyan auditorías continuas, controles éticos y cumplimiento normativo.

Frente a este escenario dual, el impacto de la IA en la seguridad digital requiere una estrategia integral, que combine tecnologías defensivas basadas en IA, regulación activa, formación especializada y colaboración internacional. Organizaciones como la Unión Europea, el NIST (EE.UU.), la ONU y la ENISA están trabajando en marcos que promueven el desarrollo de una IA confiable y segura, con principios como la transparencia algorítmica, la explicabilidad y la responsabilidad legal ante fallos o abusos.

Resumen

La seguridad, privacidad y control son preocupaciones centrales en IA generativa. Empresas como OpenAI, Google y Anthropic implementan políticas para mitigar riesgos.

En seguridad, previenen usos maliciosos (*deepfakes*, fraude, discursos de odio) con moderación, detección y restricciones. Anthropic usa "Constitutional AI" y Google Gemini accede a fuentes verificadas. En privacidad, protegen datos de usuario y entrenamiento. OpenAI permite desactivar el historial de chat para no usarlo en entrenamiento, y en versiones *enterprise* los datos se procesan de forma aislada. Existe debate sobre el uso de datos públicos sin consentimiento; Adobe Firefly entrena con contenido libre de derechos. El control abarca la gobernanza, transparencia y derechos del usuario.

Las empresas ofrecen personalización (GPTs privados) y publican políticas de uso responsable. Gobiernos y organismos (UE AI Act) trabajan en marcos regulatorios sobre transparencia y responsabilidad. El control de datos y privacidad en aplicaciones implica gestionar el procesamiento de grandes volúmenes de datos sensibles. Las empresas usan mecanismos como desactivar historial y procesamiento aislado en versiones pro/empresariales.

Los *deepfakes* (audiovisual falsificado) se usan para fabricar declaraciones falsas o simular situaciones. Modelos de texto se usan para generar masivamente noticias falsas, comentarios automatizados o teorías conspirativas (uso accesible para actores maliciosos). La velocidad y realismo dificultan su identificación.

La manipulación de imágenes/videos creados por IA (DALL·E, MidJourney, Sora) permite crear escenas inexistentes. Faltan sistemas universales de trazabilidad. Se implementan filtros y verificación, y se promueve la alfabetización digital y legislación (UE AI Act).

El fenómeno del "slop" (contenido de IA de baja calidad que inunda internet) es un riesgo que degrada la información. La IA impacta la seguridad digital de forma dual. Como defensa, potencia sistemas de ciberseguridad predictiva, detectando amenazas y automatizando respuestas. Como amenaza, potencia ciberataques (*phishing* más persuasivo, identidades falsas, ingeniería social, código malicioso).

El uso masivo de datos en modelos presenta riesgos de seguridad si no hay gobernanza adecuada. Se necesita una estrategia integral: tecnología defensiva, regulación, formación y colaboración.

Glosario

AI Act (Reglamento de IA de la UE)

Legislación pionera que regula los sistemas de inteligencia artificial basándose en el riesgo.

Control (en IA)

Capacidad para gestionar cómo se desarrollan y utilizan los sistemas de IA, incluyendo la gobernanza, la transparencia y los derechos del usuario.

Deepfakes

Contenido audiovisual (videos, audios) generado o manipulado por IA para falsificar la apariencia, voz o acciones de personas reales.

Desinformación generada por IA

Creación y propagación de información falsa, engañosa o manipulada utilizando herramientas de inteligencia artificial.

Políticas de IA

Normas y directrices establecidas por empresas o gobiernos sobre el desarrollo, uso y seguridad de la inteligencia artificial.

Privacidad

Derecho a controlar el acceso a la información personal y cómo se utiliza, una preocupación central en el uso de la IA.

Seguridad digital

Área que aborda la protección de sistemas y datos informáticos, impactada significativamente por la IA.

Slop

Contenido digital de baja calidad (texto, imágenes, videos) generado masivamente por IA, a menudo incoherente y sin valor.

Trazabilidad

Capacidad para seguir el origen y las modificaciones de un contenido, importante para verificar si ha sido generado o manipulado por IA.

U. A. 10. Futuro de la IA generativa

Introducción

El futuro de la inteligencia artificial generativa promete continuar su rápida evolución, con innovaciones esperadas que transformarán aún más cómo interactuamos con la tecnología.

Esta unidad explora las tendencias clave para el futuro de la IA generativa, incluyendo modelos más multimodales y personalizados. Se analizará el impacto proyectado de la IA en la educación, el trabajo y la creatividad, así como su integración con tecnologías inmersivas como la realidad aumentada y virtual.

Finalmente, se reflexionará sobre cómo la IA generativa está redefiniendo la interacción humano-máquina, pasando de ser una herramienta que puede convertirse en un colaborador digital.

Objetivos

- Identificar las principales innovaciones esperadas en la IA generativa, como la multimodalidad avanzada, la personalización profunda y la mayor eficiencia.
- Analizar el impacto futuro de la IA generativa en los ámbitos de la educación, el trabajo y la creatividad, incluyendo tanto oportunidades como desafíos.
- Explicar cómo se espera la integración de la IA generativa con la realidad aumentada (RA) y virtual (RV) para crear experiencias inmersivas y dinámicas.
- Comprender cómo la IA generativa está evolucionando la interacción humano-máquina, pasando de comandos rígidos a relaciones más fluidas y colaborativas.
- Evaluar los desafíos éticos y sociales que acompañarán estas futuras innovaciones y transformaciones.

1. Innovaciones esperadas en IA generativa

La inteligencia artificial generativa ha experimentado un crecimiento extraordinario en los últimos años, y todo indica que su evolución seguirá un ritmo aún más acelerado. Las innovaciones esperadas en IA generativa no solo apuntan a mejoras técnicas, sino también a cambios profundos en cómo las personas interactúan con la tecnología, crean contenido, toman decisiones y experimentan la realidad digital. Nos encontramos en el umbral de una nueva fase, donde la IA será más multimodal, personalizada, ética y autónoma.

Anotación

Se espera que los modelos de IA sean cada vez más multimodales, lo que significa que podrán integrar texto, imagen, audio, video y datos estructurados en una sola interfaz. Esto revolucionará las interacciones, permitiendo, por ejemplo, que un usuario cargue una imagen y reciba una explicación en audio vinculada a un reporte visual.

Una de las principales tendencias es el desarrollo de modelos multimodales más potentes, capaces de integrar de manera fluida texto, imagen, audio, video y datos estructurados en una misma interfaz. Esto permitirá interacciones más naturales, donde el usuario podrá, por ejemplo, subir una imagen, hacer preguntas sobre ella, pedir su modificación, solicitar una explicación en audio y vincularla con datos numéricos para generar reportes visuales en tiempo real. Modelos como Sora de OpenAI, que genera video realista a partir de texto, anticipan una era en la que la IA no solo redacta o dibuja, sino que narra, edita y produce experiencias audiovisuales completas.

También se espera un avance en la personalización profunda de modelos. Los futuros sistemas permitirán configurar asistentes con identidades propias, memoria de largo plazo, preferencias de estilo y conocimiento específico del contexto del usuario (empresa, industria, historial personal), haciendo que la IA funcione como un colaborador digital real y no solo como una herramienta generalista. Esta capacidad transformará el trabajo en áreas como la educación, la medicina, el derecho, la ingeniería o la atención al cliente.

En paralelo, se prevé una mayor integración de la IA generativa en hardware cotidiano y plataformas distribuidas, como navegadores, sistemas operativos, dispositivos móviles, realidad aumentada y entornos de trabajo colaborativo. La IA dejará de estar confinada a plataformas específicas para convertirse en una capa invisible que potencia todas las aplicaciones, desde redactores de correo hasta software de diseño, hojas de cálculo, asistentes personales o videojuegos.

 **Saber más**

Se prevé que la IA generativa se integre en hardware cotidiano y plataformas distribuidas, lo que significa que no estará confinada a plataformas específicas, sino que se convertirá en una capa invisible que potenciará todas las aplicaciones que usamos diariamente.

Desde el punto de vista técnico, se espera que los próximos modelos sean más eficientes, sostenibles y ligeros, permitiendo su uso en dispositivos locales sin conexión constante a servidores en la nube. Además, el entrenamiento de IA será más ético, con mejores mecanismos de trazabilidad, protección de datos y compensación a creadores originales cuyo contenido haya sido utilizado para entrenar modelos.

Otro eje clave de innovación será el desarrollo de sistemas con razonamiento más profundo, planificación a largo plazo y capacidad de ejecutar acciones complejas. En lugar de limitarse a generar una respuesta, la IA será capaz de realizar múltiples pasos, verificar información, consultar fuentes externas y ejecutar comandos para cumplir tareas reales, como programar, simular escenarios o tomar decisiones autónomas en entornos controlados.

Por último, veremos una expansión en la regulación y gobernanza de la IA generativa, con normas internacionales más claras, exigencias de transparencia algorítmica y certificaciones de uso responsable. Las empresas líderes estarán obligadas a adoptar marcos éticos verificables, y surgirán nuevos estándares globales que delimiten lo que es aceptable y lo que no en la creación automatizada de contenido.

Con el avance de la IA, es importante que los mecanismos éticos de trazabilidad, protección de datos y compensación a los creadores originales se fortalezcan. Esto garantizará que los contenidos utilizados para entrenar modelos sean respetados y protegidos adecuadamente.

2. Impacto en la educación, trabajo y creatividad

La inteligencia artificial generativa está transformando de manera profunda los pilares de la sociedad contemporánea, y su impacto en la educación, el trabajo y la creatividad representa una de las mayores revoluciones culturales y tecnológicas del siglo XXI.

Al automatizar tareas intelectuales y creativas que antes se consideraban exclusivamente humanas, esta tecnología redefine cómo aprendemos, cómo producimos y cómo creamos.

Fig. 1. Impacto de la IA

En el ámbito educativo, la IA generativa permite una personalización del aprendizaje sin precedentes. A través de plataformas como ChatGPT, Khanmigo o MagicSchool AI, los estudiantes pueden acceder a tutores virtuales disponibles 24/7, que explican conceptos adaptados al nivel de cada usuario, responden preguntas específicas, corrigen ejercicios o generan ejemplos en tiempo real. Esto beneficia especialmente a quienes necesitan reforzar conocimientos a su propio ritmo, ofreciendo mayor inclusión y equidad educativa.

Para los docentes, estas herramientas permiten diseñar actividades, exámenes, presentaciones o materiales interactivos con mayor agilidad, liberando tiempo para la atención pedagógica directa. Sin embargo, también plantea retos como la posible dependencia excesiva, el plagio automatizado o la pérdida del esfuerzo cognitivo si no se enseña a usar la IA de manera crítica y formativa.

En el mundo laboral, la IA generativa está modificando la estructura y dinámica del empleo. Profesiones vinculadas a la redacción, la traducción, la programación, el diseño gráfico o la atención al cliente están viendo automatizadas muchas de sus tareas cotidianas. Esto genera una redefinición de roles y competencias, donde ya no basta con ejecutar tareas técnicas, sino que se valoran habilidades como la supervisión de IA, el diseño de prompts, la toma de decisiones estratégicas y la capacidad de trabajar en colaboración con sistemas inteligentes.

Al mismo tiempo, la IA puede ser una gran aliada para mejorar la productividad, generar informes, analizar datos complejos, automatizar flujos de trabajo y facilitar la toma de decisiones en tiempo real. El desafío estará en reentrenar a la fuerza laboral, garantizar la justicia en la transición digital y evitar la exclusión de quienes no acceden a estas tecnologías.

En el campo de la creatividad, la inteligencia artificial generativa ha abierto nuevas puertas a la experimentación artística, la narración de historias, el diseño visual, la música y la invención de mundos virtuales. Herramientas como DALL·E, MidJourney, Runway o MusicLM permiten crear ilustraciones, videos, paisajes sonoros y obras visuales a partir de simples descripciones en lenguaje natural. Esto democratiza el acceso a la creación artística, permitiendo que personas sin formación técnica puedan expresar ideas complejas de forma visual o sonora.

Sin embargo, también plantea interrogantes sobre la originalidad, la autoría, los derechos de los artistas humanos y la sostenibilidad de los oficios creativos. La línea entre inspiración, imitación y plagio se vuelve difusa, y exige nuevos marcos legales y éticos para preservar la diversidad y autenticidad cultural.

3. Integración con la realidad aumentada y virtual

La convergencia entre inteligencia artificial generativa y tecnologías inmersivas como la realidad aumentada (RA) y la realidad virtual (RV) está marcando una nueva etapa en la evolución digital, donde la creación de contenidos y experiencias deja de estar limitada por las herramientas tradicionales y se vuelve más interactiva, contextual y personalizada. Esta integración tiene el potencial de redefinir por completo la forma en que las personas aprenden, trabajan, exploran y se comunican en entornos digitales.

Por un lado, la **IA** generativa aporta la capacidad de crear contenidos tridimensionales, escenarios visuales, personajes, narrativas o elementos interactivos de forma automatizada, a partir de simples descripciones en lenguaje natural. Esto significa que diseñadores, desarrolladores e incluso usuarios sin conocimientos técnicos pueden generar mundos virtuales completos, objetos animados o efectos visuales con solo formular ideas.

Ejemplo

Por ejemplo, a través de un comando como "crear una sala de escape en estilo cyberpunk con acertijos interactivos", una IA puede construir el entorno visual, el diseño sonoro, los textos de pistas e incluso los diálogos de personajes no jugadores (NPCs).

Fig. 2. Varios Mods del popular juego Skyrim dan a los personajes memoria y mayor capacidad de interactuar

En la realidad aumentada, la IA generativa puede integrarse para personalizar el entorno físico con elementos digitales únicos. Aplicaciones en educación, turismo, medicina o marketing permiten superponer información visual, modelado 3D o asistentes virtuales sobre el mundo real, con respuestas dinámicas generadas por IA según el contexto o las acciones del usuario. Esto mejora la experiencia de aprendizaje, el entrenamiento profesional o la interacción comercial, al ofrecer información adaptativa y envolvente.

En el ámbito de la realidad virtual, la fusión con IA permite crear experiencias inmersivas más ricas y fluidas. Los mundos virtuales ya no tienen que ser programados manualmente en su totalidad: pueden generarse, expandirse y modificarse en tiempo real gracias a modelos de IA capaces de entender intenciones, interpretar lenguaje natural y producir contenido gráfico y sonoro de forma coherente. Esto abre la puerta a experiencias interactivas adaptativas, como simulaciones educativas que responden al progreso del usuario, entornos de entrenamiento profesional que evolucionan según el desempeño, o videojuegos narrativos donde la historia se genera a medida que el jugador interactúa con el mundo.

Ejemplo

Con comandos como "crear una sala de escape en estilo cyberpunk", la IA generativa puede construir no solo el entorno visual y los efectos sonoros, sino también los diálogos de personajes no jugadores (NPCs) y los acertijos interactivos, transformando por completo la creación de mundos virtuales.

Empresas como Meta (con Horizon Worlds), Microsoft (con Mesh), Google y Apple, así como desarrolladores independientes, están explorando esta convergencia para aplicaciones que van desde la productividad colaborativa en entornos virtuales hasta la creación de metaversos con generación de contenido automatizada. Al mismo tiempo, se están desarrollando herramientas que permiten a los usuarios entrenar avatares, construir asistentes conversacionales en 3D o crear experiencias multisensoriales sin necesidad de programación compleja.

No obstante, esta integración también plantea retos. Es necesario considerar la seguridad de los entornos virtuales generados por IA, la veracidad de la información aumentada, la protección de datos biométricos y el riesgo de manipulación inmersiva, donde la IA podría alterar la percepción del usuario sin que éste sea plenamente consciente. Además, surgen nuevas preguntas sobre derechos de autor, propiedad digital y gobernanza de espacios virtuales compartidos.

Aunque esta integración ofrece enormes ventajas, también plantea retos significativos, como la seguridad de los entornos virtuales generados, la veracidad de la información aumentada, la protección de datos biométricos y los riesgos asociados con la manipulación inmersiva, donde los usuarios podrían ser influenciados sin ser conscientes de ello.

3. IA y la evolución de la interacción humano-máquina

La aparición de la inteligencia artificial generativa ha impulsado una transformación profunda en la interacción humano-máquina, que ha pasado de ser un intercambio rígido, basado en comandos estructurados, a una relación más fluida, natural y adaptativa, donde las máquinas ya no solo obedecen, sino que colaboran, comprenden e incluso anticipan las necesidades del usuario. Esta evolución representa un cambio de paradigma en la forma en que los humanos se relacionan con la tecnología, y redefine conceptos como interfaz, lenguaje, asistencia y autonomía digital.

En sus primeras etapas, la interacción con máquinas se limitaba a comandos precisos, códigos y menús estáticos, lo que exigía conocimientos técnicos para acceder a funciones complejas. Con la llegada de interfaces gráficas, el ratón y la pantalla táctil, esta comunicación se volvió más accesible. Pero ha sido con el desarrollo de modelos de lenguaje natural, como los GPT de OpenAI, Claude de Anthropic o Gemini de Google, que las máquinas han comenzado a entender y generar lenguaje humano de forma conversacional, permitiendo una interacción más intuitiva, flexible y personalizada.

Hoy, gracias a la IA generativa, el usuario puede dialogar con una máquina, hacer preguntas abiertas, expresar ideas complejas y recibir respuestas contextualizadas. Ya no se trata solo de "usar" una herramienta, sino de colaborar con una inteligencia asistida que puede redactar, diseñar, programar, calcular, traducir, simular o sugerir, todo ello a partir de instrucciones expresadas en lenguaje común. Esta nueva forma de interacción convierte a la máquina en interlocutor, guía o co-creador, en lugar de ser simplemente un ejecutor pasivo de órdenes.

Saber más

Con la IA generativa, los usuarios ya no solo "usan" una herramienta; las máquinas se convierten en interlocutores, co-creadores y guías, haciendo que la interacción sea más intuitiva y personalizada.

Además, la integración de la IA en múltiples formas sensoriales —texto, voz, imagen, movimiento— está llevando esta interacción a un plano multimodal, donde el usuario puede hablar, escribir, mostrar o señalar, y la IA responde con texto, visualizaciones, sonido o animación. En entornos como la realidad virtual, la realidad aumentada o los dispositivos vestibles, esta comunicación se vuelve aún más envolvente, dando lugar a una experiencia híbrida, en la que los límites entre lo humano y lo digital se desdibujan.

Esta evolución también modifica los roles en la relación con la tecnología. La máquina ya no espera instrucciones para actuar, sino que puede proponer, sugerir, corregir o aprender del usuario. A través de la personalización, el uso de memoria contextual y el aprendizaje continuo, los sistemas de IA se adaptan a las preferencias, necesidades y estilos de interacción de cada persona, lo que hace que la experiencia tecnológica se vuelva más humana, empática y responsiva.

Sin embargo, este cambio profundo también plantea desafíos éticos y sociales. La creciente autonomía de los sistemas de IA, su capacidad para influir en decisiones humanas y su habilidad para generar contenido persuasivo, requiere una interacción crítica y consciente, donde el usuario mantenga el control y la responsabilidad de los procesos. También es necesario repensar la alfabetización digital.

Fig. 3. Ya no basta con saber usar un software, ahora es fundamental saber cómo dialogar con una inteligencia artificial, cómo interpretar sus respuestas y cómo establecer límites a su intervención

4. La IA generativa y su impacto en la sociedad

La inteligencia artificial generativa ha emergido como una de las tecnologías más transformadoras del siglo XXI. Su capacidad para crear contenido original —texto, imágenes, audio, video, código y más— a partir de simples instrucciones en lenguaje natural está redefiniendo la manera en que las personas trabajan, aprenden, se expresan y se relacionan con la información digital. A diferencia de otros sistemas de IA más limitados o especializados, la IA generativa actúa como una extensión creativa y cognitiva del ser humano, con aplicaciones transversales en casi todos los sectores sociales.

Importante

La inteligencia artificial generativa está emergiendo como una de las tecnologías más transformadoras del siglo XXI, ofreciendo una creación de contenido original en diversos formatos (texto, imágenes, audio, video, código) a partir de simples instrucciones en lenguaje natural.

En el ámbito educativo, la IA generativa está revolucionando el proceso de enseñanza-aprendizaje. Herramientas como ChatGPT permiten la tutoría personalizada, la generación automática de materiales didácticos, la asistencia lingüística y el acceso a contenidos adaptados al nivel de cada estudiante. Al mismo tiempo, plantea retos en torno a la autoría, la evaluación y la ética académica, al permitir la creación automática de ensayos, trabajos o respuestas. Esto exige repensar los métodos de enseñanza y fomentar el pensamiento crítico frente al uso de estas herramientas.

En el mundo laboral, la IA generativa ha comenzado a automatizar tareas creativas y analíticas que antes eran exclusivamente humanas, como redactar correos, diseñar campañas publicitarias, escribir código o resumir documentos complejos. Esto ha mejorado la productividad y ha democratizado el acceso a recursos profesionales, pero también ha generado incertidumbre sobre el futuro del empleo, especialmente en sectores como la redacción, el diseño gráfico, la traducción o el soporte al cliente. La reconversión laboral, la formación continua y la adaptación organizativa serán claves para afrontar esta transición.

Saber más

En el plano cultural y creativo, la IA generativa ha abierto nuevas formas de expresión artística. Pinturas, canciones, relatos y películas generadas con asistencia de IA están ampliando los límites tradicionales de la creación. Esto plantea preguntas profundas sobre la autoría, la originalidad y el valor del arte, pero también abre la puerta a la colaboración entre humanos y máquinas como una nueva forma de creatividad expandida.

Desde la perspectiva de la información y la comunicación, la IA generativa ofrece tanto oportunidades como riesgos. Puede facilitar la redacción de informes, el acceso a contenidos complejos o la traducción automática de múltiples idiomas, pero también puede ser usada para crear desinformación, suplantar identidades o generar *deepfakes*, erosionando la confianza pública en lo que vemos, escuchamos o leemos. Esto exige medidas éticas, tecnológicas y legales que garanticen la veracidad, la transparencia y el uso responsable de estos sistemas.

U. A. 10. Futuro de la IA generativa

Resumen

El futuro de la IA generativa estará marcado por innovaciones como modelos más multimodales que integran fluidamente texto, imagen, audio y video, y una personalización profunda que creará asistentes con identidad, memoria y conocimiento específico del usuario. Se espera una mayor integración en hardware y plataformas cotidianas (navegadores, AR/VR), convirtiéndose en una capa invisible. Técnicamente, serán más eficientes y éticos, con mejor trazabilidad y protección de datos. Los sistemas tendrán razonamiento más profundo, planificación y capacidad para ejecutar acciones complejas. También se anticipa una expansión de la regulación y gobernanza global.

El impacto en educación será la personalización del aprendizaje con tutores virtuales y asistencia para docentes, aunque plantea desafíos como la dependencia y el plagio. En el trabajo, modificará la estructura del empleo, automatizando tareas y requiriendo nuevas habilidades (supervisión de IA, ingeniería de prompts); también aumentará la productividad y facilitará la toma de decisiones, pero exigirá reentrenamiento. En la creatividad, abrirá nuevas formas de expresión artística, democratizando el acceso, pero generará debates sobre originalidad, autoría y el futuro de los oficios creativos.

La integración con RA y RV permitirá crear contenido 3D, escenarios y personajes de forma automatizada a partir de texto. En RA, personalizará el entorno físico con elementos digitales dinámicos; en RV, creará experiencias inmersivas y adaptativas que responden a la interacción del usuario. Empresas como Meta y Microsoft exploran esta convergencia para metaversos y productividad virtual. Los desafíos incluyen seguridad en entornos virtuales, veracidad de la información aumentada, privacidad de datos biométricos y manipulación inmersiva.

La IA generativa transforma la interacción humano-máquina de un modelo rígido a uno fluido, natural y adaptativo. Las máquinas dejan de ser solo herramientas para ser interlocutores, guías o co-creadores. La interacción se vuelve multimodal (texto, voz, imagen). La IA aprende del usuario y se adapta, haciendo la experiencia más humana. Esto plantea desafíos éticos: la creciente autonomía requiere interacción crítica, control y responsabilidad humana, y una nueva alfabetización digital para dialogar con la IA e interpretar sus respuestas. La evolución es técnica, cultural, emocional y ética.

Glosario

Impacto en educación/trabajo/creatividad

Las profundas transformaciones sociales que la IA generativa está generando y generará en estos ámbitos.

Innovaciones esperadas

Tendencias y desarrollos futuros proyectados para la IA generativa.

Interacción humano-máquina

La forma en que las personas se comunican y colaboran con los sistemas tecnológicos, evolucionando con la IA hacia relaciones más naturales y adaptativas.

Modelos multimodales

Sistemas de IA futuros que integrarán y procesarán diferentes tipos de datos (texto, imagen, audio, video) fluidamente.

Personalización profunda

Capacidad futura de los modelos de IA para ser configurados y adaptarse de forma muy específica a las preferencias, conocimientos y contexto de un usuario individual o entidad.

Razonamiento profundo / Planificación a largo plazo

Capacidades esperadas en futuras IAs para realizar análisis lógicos complejos, considerar múltiples pasos y ejecutar tareas con objetivos distantes.

Realidad Aumentada (RA)

Tecnología que superpone elementos digitales sobre el mundo real; la IA generativa puede crear contenido dinámico para estas experiencias.

Realidad Virtual (RV)

Tecnología que crea entornos inmersivos simulados; la IA generativa puede generar y modificar contenido en tiempo real dentro de estos mundos.

Regulación y gobernanza (futuro)

Marcos normativos y estructuras de control que se espera establecer para guiar el desarrollo y uso ético y seguro de la IA generativa a nivel global.

Bibliografía

Legislación

Parlamento Europeo y Consejo de la Unión Europea. (2024, 13 de junio). Reglamento (UE) 2024/1689 del Parlamento Europeo y del Consejo, de 13 de junio de 2024, por el que se establecen normas armonizadas en materia de inteligencia artificial y por el que se modifican los Reglamentos (CE) nº 300/2008, (UE) nº 167/2013, (UE) nº 168/2013, (UE) 2018/858, (UE) 2018/1139 y (UE) 2019/2144 y las Directivas 2014/90/UE, (UE) 2016/797 y (UE) 2020/1828 (Reglamento de Inteligencia Artificial). Diario Oficial de la Unión Europea, L 1689, 1–144.

Webgrafía

3DJuegos. "No puedo proteger mi arte": ganó un concurso con una obra creada por IA y ahora se queja de no poder reclamar los derechos de autor. https://www.3djuegos.com/tecnologia/noticias/no-puedo-proteger-mi-arte-gano-concurso-obra-creada-ia-ahora-se-queja-no-poder-reclamar-derechos-autor

Amazon abandona un proyecto de IA para la contratación por su sesgo sexista. https://www.reuters.com/article/world/amazon-abandona-un-proyecto-de-ia-para-la-contratacin-por-su-sesgo-sexista-idUSKCN1MO0M4

Atresmedia. La IA impacta en la educación: el 80 % de los estudiantes españoles ha utilizado herramientas de inteligencia artificial. Levanta la Cabeza. https://www.atresmedia.com/levanta-la-cabeza/actualidad/impacta-educacion-80-estudiantes-espanoles-utilizado-herramientas-inteligencia-artificial_2024020565c09fa6c3cb30000127a55a.html

Bibliografía

Correos de Meta revelan que descargó 81,7 TB de libros con copyright vía BitTorrent para entrenar sus modelos de IA.
https://www.xataka.com/robotica-e-ia/correos-meta-revelan-que-descargo-81-7-tb-libros-copyright-via-bittorrent-para-entrenar-sus-modelos-ia

Estopa y la polémica sobre la inteligencia artificial: ¿Hasta dónde llegará la rabia contra las máquinas? El País.
https://elpais.com/tecnologia/2024-02-16/estopa-y-la-polemica-sobre-la-inteligencia-artificial-hasta-donde-llegara-la-rabia-contra-las-maquinas.html

Inteligencia artificial en la DANA en España: qué contenidos son reales (aunque pueda parecer que no) y cuáles generados con IA.
https://maldita.es/malditatecnologia/20241113/imagenes-videos-ia-dana-espana/

Internet nos trajo la palabra 'spam'. La IA nos trae la palabra 'slop'.
https://www.xataka.com/robotica-e-ia/internet-nos-trajo-palabra-spam-ia-nos-trae-palabra-slop

La Vanguardia. Una popular 'influencer' japonesa resulta ser un hombre de 50 años que usa filtros para parecer mujer.
https://www.lavanguardia.com/cribeo/estilo-de-vida/20210318/6601714/popular-influencer-japonesa-resulta-hombre-50-anos-filtros-mujer.html

Polémica con Las Nenas, el grupo creado con inteligencia artificial que ha engañado a la industria de la música. LaSexta.
https://www.lasexta.com/noticias/cultura/polemica-nenas-grupo-creado-inteligencia-artificial-que-enganado-industria-musica_2024123167742432bc785b00016e8abe.html

Un experimento secreto de IA de la Universidad de Zúrich logró manipular las opiniones de usuarios de Reddit.
https://es.cointelegraph.com/news/zurich-uni-secret-ai-experiment-manipulated-redditor-opinions